Anne McBride
Kaninchen verstehen

Ein Ratgeber für die artgerechte Haltung

Anne McBride

Kaninchen verstehen

Ein Ratgeber für die artgerechte Haltung

aus dem Englischen von Anja Schmidtke

pala
verlag

Sieh, ich halte keine Vorlesungen und gebe kein Almosen,
Wenn ich gebe, geb ich mich selbst.

Walt Whitman, *Gesang von mir selbst*

Inhalt

Anhang

Danksagung

An Sarah Heath für ihren Vorschlag, dieses Buch zu schreiben. An Jim Mc-Bride, Rachel Casey, Christina Huggett, John Stokes, Paul Beech, Sue White und Julia Tubb für ihre hilfreichen Kommentare zu den ersten Manuskripten dieses Buches. An Richard Desborough für seine Hilfe beim Lektorat und bei der Indexerstellung. An Henry Plotkin am University College London dafür, mir vor all den Jahren das Studium des Kaninchenverhaltens unter seiner Führung ermöglicht zu haben. An Nico Preston für seine Unterstützung in den Jahren des Kaninchenbeobachtens. An Susan Hunter, Emma Magnus, Sally Machell und viele ungenannte Kaninchenhalter für ihre unzähligen Anekdoten und Fragen zum Kaninchenverhalten. An meine Mutter, Olga, für all die Hilfe und die Essenspakete. An meinen Bruder, Deuce, und an meine Freunde, besonders Shelagh, für ihre Unterstützung. An meine Verlegerin, Tessa Harrow, für ihre unglaubliche Geduld dafür, dass das Leben sich manchmal angenehmen Dingen wie dem Schreiben eines Buches über Kaninchen in den Weg stellt. An sie alle geht mein Dank. Und nicht zuletzt danke ich Thumper, Bunny, Nomad, Pixie, Andy, Circles und all ihren Kaninchenfreunden und -verwandten dafür, mein Leben mit ihnen teilen zu dürfen.

Karnickel, Karnickel

Vor fünfundzwanzig Jahren, in den späten 70ern, wäre dieses Buch nicht zu veröffentlichen gewesen. Kaninchen waren zwar beliebt und wurden als ideales Haustier für Kinder angepriesen, doch niemand interessierte sich dafür, was in Kaninchen vorgeht. Sie wurden vielmehr als preiswerte Haustiere angesehen, die kaum der Pflege bedurften. Tatsächlich verbringen auch heute noch viele Kaninchen ihr Leben ziemlich allein gelassen in einem Stall am Ende eines Gartens – was traurigerweise oft körperliche und psychische Schäden zur Folge hat. Doch hierüber später.

Vor fünfzehn Jahren kam mein erstes Buch über Kaninchen heraus, doch in den Buchläden findet man es gewöhnlich eher in der naturwissenschaftlichen statt in der Haustierabteilung. »Warum?« werden Sie sich vielleicht fragen. Der Grund liegt darin, dass die Halter zu dieser Zeit wissen wollten, womit man Kaninchen füttert und wie man sie züchtet und auf Ausstellungen bringt, statt sie als individuelle Tiere zu verstehen. Das galt damals ganz allgemein für Haustiere und erst seit den letzten zwanzig Jahren zeigen Halter zunehmendes Interesse am Verhalten ihrer Haustiere. Gleichzeitig gab es immer mehr Zeitschriften und Fernsehsendungen, die sich mit den Possen unserer pelzigen, gefiederten und schuppigen Freunde befassten.

Parallel zu dieser Entwicklung akzeptierten Halter und Tierärzte zunehmend, dass Problemverhalten von Hunden, Katzen und Pferden mit anderen Mitteln als Abgabe oder Einschläfern verhindert und gelöst werden kann. Immer mehr Halter suchen Rat bei Tierverhaltenstherapeuten, um Harmonie in das Leben mit ihren Haustieren zu bringen, was sich in der Veröffentlichung der ersten drei Bücher dieser Reihe *Why does my dog ...?* von John Fisher (1991), (deutsch: *Vom Strolch zum Freund*, Müller Rüschlikon Verlag, 1995), *Why does my cat ...?* von Sarah Heath (1993) (deutsch: *Katzen verstehen*, pala-verlag, 2002) und *Why does my horse ...?* von Paul Mc-Greevy (1996) widerspiegelte.

Nun schließlich ist das Kaninchen an der Reihe. Vielleicht markiert dieses Buch die Wende in der Einstellung zum und im Interesse am Kaninchen. Immer häufiger werden Kaninchen mit Verhaltensproblemen an Verhaltenstherapeuten verwiesen, statt in Tierheimen abgegeben oder sogar eingeschläfert zu werden. Ein großer Schritt voran im Kaninchenschutz.

In den letzten Jahrzehnten hat sich die Haustierhaltung deutlich verändert. Inzwischen ist die Katze beliebter als der Hund und das Kaninchen ist das drittbeliebteste Haustier unter den Säugetieren. Nicht länger bloß das Geschöpf im hinteren Teil des Gartens, teilen sich heutzutage viele Kaninchen mit ihren Haltern das Sofa und leben wie Katzen oder Hunde im Haus. Diese Veränderung liegt teilweise an unserem sich verändernden Lebensstil.

Mehr Menschen als früher leben allein oder in Familien, in denen alle Erwachsenen außer Haus arbeiten. Das bedeutet, dass Haustiere zwar beliebt sind, die Menschen aber nicht mehr so viel Zeit für die Haustierhaltung übrig haben. Hunde sind anspruchsvolle Gefährten, sie erfordern Erziehung, viel Platz und Spaziergänge – auch an kalten und regnerischen Tagen. Sie können nicht tagein, tagaus stundenlang allein gelassen werden, und wenn doch, dann neigen sie zur Entwicklung unerwünschter Bewältigungsstrategien wie Bellen oder Anfresser von Möbel. Einfach auf Grund des Zeitaufwands und der Bemühungen, die für eine artgerechte Hundehaltung erforderlich sind, stehen Hunde nicht mehr an der Spitze der Haustier-Hitparade.

Die Katze ist weitaus weniger anspruchsvoll, fordert keine Erziehung und würde Ihnen gar nicht dankbar sein, wenn Sie ihr einen Spaziergang bei Wind und Regen anbieten würden. Doch selbst von unseren Hauskatzen erwarten wir auf Grund der veränderten Umstände nun anderes als früher. Sarah Heath formuliert das so: »Die Halter akzeptieren nicht länger, dass die Katze ein Geschöpf ist, das sie zu den Mahlzeiten zu sehen bekommen und das sich durch die Katzenklappe davonmacht, wenn Besuch kommt.« Heutzutage verlangen wir von unserer Hauskatze als Gefährtin noch mehr, etwa, dass sie liebevoller ist und nicht den Blumentopf in der Diele als Toilette benutzt. Katzenhalter wollen, dass ihre Katze bei ihnen ist, Teil der Familie und ihre Gefährtin ist. Es wird zunehmend üblich (obwohl eine umstrittene Praxis), Katzen ihr ganzes Leben lang drinnen zu halten.

Viele betrachten Kaninchen als den perfekten Kompromiss. Sie sind gut als Wohnungstiere geeignet und haben in vielen Fällen drinnen ein interessanteres Leben als in einem Stall im Garten. Sie sind nicht besonders anspruchsvoll, gleichzeitig aber liebenswürdig, flauschig, niedlich und freundlich. Sie haben Gewohnheiten, die ihren Haltern weniger zur Last fallen als Hunde, die sich in übel riechenden Dingen wälzen oder Katzen, die Ihnen als Geschenk tote oder halbtote Mäuse mitbringen. Einige Kaninchengewohnheiten allerdings, etwa das Fressen des eigenen Kots, können ebenfalls als ziemlich abstoßend betrachtet werden.

Als Kind hatte ich das Vergnügen, Kaninchen zu halten, die in geräumigen Gehegen mit einer Kombination aus Stall und Auslauf lebten. Von meinem 7. bis zu meinem 21. Lebensjahr waren sie meine Gefährten. Alle lebten mindestens sieben Jahre lang, und eines, das wegen seiner Fluchtneigung Nomad hieß, erreichte gar das Alter von elf Jahren. Ich sorgte mehrere Jahre lang für die Schulkaninchen und protokollierte dabei auch die Zuchten und Fellfarben, was uns helfen sollte, mehr über die komplexe genetische Vererbung zu lernen. Falls Sie nun besorgt sind – es gab nie Probleme, Plätze für die Nachkommen zu finden. Diese frühe Beschäftigung mit Kaninchen war sicherlich der Einfluss, der dazu führte, dass ich schließlich für meine Doktorarbeit das Verhalten des Hauskaninchens studierte: Viele, viele Stunden verbrachte ich damit, mir Kaninchenvideos anzusehen, die monatelang Tag und Nacht aufgenommen wurden, und teilte meine Wohnung mit einem New Zealand White-Hauskaninchen. Wie für alle Doktoranden war auch meine Arbeit sicherlich hart und größtenteils ein einsames Unterfangen. Allerdings ist es ein Privileg, die Zeit damit zu verbringen, sehr genau eine Tierart zu studieren. Ich habe nun auch das Privileg, dieses Wissen in die Tat umzusetzen und Kaninchenhaltern zu helfen, Bedürfnisse und Verhalten ihrer Haustiere zu verstehen und wenn notwendig Verhaltensprobleme zu lösen. Ja, auch Kaninchen legen Verhaltensweisen an den Tag, die für ihre Halter problematisch sein können. Sie mögen wunderbar sein, aber sie sind nicht perfekt. Doch wer von uns ist das schon?

Teil eins:
Verhaltenstherapie
für Kaninchen

Verhaltenstherapie für Kaninchen?

Die Tierverhaltenstherapie, auch klinisches Tierverhalten genannt, verliert langsam, aber sicher ihr Image, bei dem ein Exzentriker mit einem Tier spricht, das auf einer Couch liegt und ihm seine innersten Gedanken über seine Baby- und Kinderzeit offenbart. Stattdessen wird sie zu einem anerkannten Bestandteil der tierärztlichen Versorgung. Die meisten Verhaltenstherapeuten sind nicht selbst Tierärzte, sondern arbeiten ergänzend zum tierärztlichen Beruf, ganz ähnlich wie Osteopathen und Physiotherapeuten die Arbeit eines Arztes für Allgemeinmedizin ergänzen. Spezialgebiete gewinnen zunehmend an Bedeutung, da wir neue Wege entdecken, um die physische und psychische Gesundheit unserer Haustiere zu erhalten.

Da sie ergänzend arbeiten, ist es wichtig, dass Verhaltenstherapeuten mit Tierärzten zusammenarbeiten und Tiere nur auf Zuweisung behandeln. An einem Verhaltensproblem kann eine zu Grunde liegende körperliche Krankheit oder eine Verletzung beteiligt sein.

Die Tierverhaltenstherapie wurde bisher besonders bei Hunden und Katzen angewandt, in gewissem Umfang auch bei Pferden. Das liegt teilweise daran, dass Problemverhalten bei Hunden, Katzen und Pferden eine recht starke Auswirkung auf das Leben des Halters haben kann. Wenn es sich bei dem Tier beispielsweise um ein aggressives Pferd handelt, um eine Katze, die drinnen uriniert, oder um einen Hund, der die Möbel zerstört, wenn er allein ist, wird die Mensch-Tier-Beziehung bald anfangen zu bröckeln. Verhaltensprobleme anderer Haustierarten sind für die Halter tendenziell nicht so dringlich und werden womöglich noch nicht einmal als Problem angesehen; extremes Nagen am Käfiggitter bei Hamstern oder Kaninchen zum Beispiel kann als »normales« Verhalten statt als Grund zur Sorge betrachtet werden.

Wenn ein Problem die Mensch-Tier-Beziehung beschädigt, zum Beispiel der beißende Hase, wird das Tier traditionell als »böses Tier« verurteilt, für das keine Hoffnung auf Änderung besteht, und das Problem wird rasch »gelöst«, indem es ins Tierheim gebracht oder eingeschläfert wird. Kaninchen und alle anderen Tierarten, die wir als Haustiere halten, können Problemverhalten zeigen, das jedoch behoben werden kann. Nötig dafür sind eine gute Grundlage im wissenschaftlichen Bereich und die praktische Anwendung auf die Situation des individuellen Tieres. Das hört sich einfach an, doch Tiere sind komplexe Lebewesen und wir erweitern nur allmählich unsere Kenntnisse über sie, uns und unsere Beziehung zueinander. Wie sich Verhaltensprobleme bei Tieren entwickeln und wie sie gelöst werden können, ist ein spezielles und sich rapide entwickelndes Studienfeld. Ich finde es faszinierend und lohnend zugleich, jeden Tag etwas Neues lernen zu können und die Möglichkeit zu haben, mein Wissen positiv umzusetzen.

Klinisches Tierverhalten nimmt eine Vielzahl unterschiedlicher Disziplinen in Anspruch, einschließlich Tierheilkunde, Biologie, Zoologie und Psychologie. Psychologen studieren das Verhalten von Mensch und Tier. Viele von ihnen widmen ihr ganzes Leben dem besseren Verständnis dessen, wie Tiere lernen und denken, und ihr Beitrag zum Bereich Tiererziehung und zur Lösung von Verhaltensproblemen ist unschätzbar wertvoll. Für einen großen Teil der Arbeit dieser Ermittler, bekannt als komparative Psychologen, war die Kooperation vieler Tierarten erforderlich, die wir als Haustiere halten: Katzen, Hunde, Kaninchen und die allgegenwärtige Freundin des Psychologen, die Hausratte. Ratten sind intelligente, freundliche Geschöpfe, und einige von ihnen lehrten mich als Studentin (vor einigen Jahrzehnten), wie sich die Prinzipien der Lerntheorie (Erziehung) ohne Zuhilfenahme einer Kette, Leine oder eines anderen Hilfsmittels, das wir bei Hunden einsetzen, anwenden lassen. Was ich von den Ratten gelernt habe, kann bei der Erziehung unterschiedlichster Tierarten Anwendung finden und wird auch angewandt, darunter Goldfische, Hunde, Katzen und natürlich Kaninchen.

Das Kaninchen ist nicht der dumme Hase, für den Elmer aus *Bugs Bunny* ihn immer hielt. Psychologen haben gezeigt, dass es fähig ist, alles Mögliche zu lernen. Ethologen, komparative Psychologen und Biologen haben intensiv das Verhalten von Wild- und Hauskaninchen untersucht. Sie haben gezeigt, dass Kaninchen eine Tierart mit einem komplexen Sozialleben und einem umfangreichen Repertoire an Kommunikationssignalen sind. Sie können stundenlang miteinander schwafeln!

Das Kaninchen, seine Biologie und sein Verhalten werden vom Großteil der Halter kaum verstanden und das kann zu allen möglichen Problemen führen. Einige davon, etwa überlange Zähne, haben körperliche Ursachen, andere sind reine Verhaltensprobleme. Ein Kaninchen, das aggressiv wird, wird eher als »verrückt und böse« beurteilt, statt als ängstlich oder revierbewusst oder sogar sexuell erregt verstanden zu werden.

Zwar wird das Kaninchen als ideales Haustier für Kinder betrachtet, befand sich bisher jedoch gleichzeitig ziemlich weit unten auf der Prioritätenliste der Tierärzte. Tatsächlich gab es noch bis vor kurzer Zeit nur wenig, was ein Tierarzt für ein Kaninchen tun konnte. Die Kaninchenmedizin nahm nicht viel Platz im Stundenplan der Tierheilkunde-Studenten ein. Mit der zunehmenden Beliebtheit der Kaninchen beginnt sich das jedoch zu ändern.

Trotzdem ist die Lösung von Verhaltensproblemen von Kaninchen noch immer von minderem Interesse – und die Tierheime werden mit unerwünschten Hauskaninchen überschwemmt. Es gibt kaum Zahlen zu Kaninchen, die wegen Verhaltensproblemen eingeschläfert wurden, doch eine Befragung von 1995 zeigt, dass in jenem Jahr 16.000 Kaninchen in britischen Tierheimen abgegeben wurden. 1997 zeigte eine Befragung von 200 britischen Tierheimen, dass diese Zahl auf 24.000 angestiegen war, ein Anstieg von 30 Prozent in nur zwei Jahren. Für uns Kaninchenliebhaber ist das sehr deprimierend, da mit dem entsprechenden Wissen die meisten Verhaltensprobleme verhindert oder gelöst werden können. Ich hoffe, dass dieses Buch dazu beitragen wird, dieses Wissen zu verbreiten und zwischen Kaninchen und Menschen lange und glückliche Beziehungen aufzubauen.

Die Geschichte des Hauskaninchens

Das Hauskaninchen ist ein direkter Nachkomme des Europäischen Wildkaninchens. Sie sind so eng verwandt, dass sie noch immer als ein und dieselbe Tierart betrachtet werden. Sowohl Wild- als auch Hauskaninchen sind offiziell als *Oryctolagus cuniculus* bekannt, was wörtlich »hasenartiger Gräber unterirdischer Gänge« bedeutet. Das scheint mir eine ziemlich gute Beschreibung der Kaninchen zu sein, die wir kennen und lieben.

Das natürliche Heimatland des Kaninchens ist die iberische Halbinsel, das heutige Spanien und Portugal. Als die Phönizier vor mehr als 3.000 Jahren dieses Gebiet und damit das Kaninchen entdeckten, waren sie erstaunt über die Anzahl dieser Tiere. Und zwar dermaßen, dass sie das Land I-shepham-im nannten, was »Land des Kaninchens« bedeutet. Im Lateinischen wurde daraus Hispania, das wir heute Spanien nennen.

Mehr als tausend Jahre lang wurde wenig anderes über Kaninchen festgehalten, bis Plinius der Ältere (23 – 79 n. Chr.) als Erster die umfangreiche Zerstörung schilderte, die Kaninchen an Kulturpflanzen anrichten können und tatsächlich auch anrichten. Er schrieb: »In Spanien findet sich auch eine Hasenart, die Cuniculus genannt wird; diese ist überaus fruchtbar und verursacht auf den balearischen Inseln Hungersnöte, indem sie die Ernte zerstört.« Noch immer können Wildkaninchen enorme Schäden an Kulturpflanzen anrichten, obwohl ihre Population durch von den Menschen gezielt eingeschleuste Tierseuchen wie Myxomatose und Chinaseuche mit großer Wirkung bekämpft wurde und heutige Besucher Mallorcas, Menorcas und Ibizas kaum auf Grund von Verwüstungen durch Kaninchen Hunger leiden müssen.

Ungefähr 80 Jahre vor dem Rat Plinius des Älteren an zukünftige Touristen der Balearen schrieb Varro ein Buch über Landwirtschaft namens *De Re Rustica* (36 v. Chr.). Darin berichtet er, dass die Römer Kaninchen für ihr Fleisch mästeten. Sie hielten sie in Gehegen und sperrten sie oft zur Mast in Käfige. Die Haltung und wahrscheinlich auch die Zucht von Kaninchen in Käfigen statt einfach nur in Gehegen scheint damit ungefähr vor 2.000 Jahren begonnen zu haben. Dies kann als Anfang des Domestizierungsprozesses des Kaninchens angesehen werden, ein Prozess, der noch heute mit der Entwicklung neuer Rassen anhält.

Auf dem europäischen Kontinent wurde das Kaninchen überall vom Menschen verbreitet, entweder für den ewig populären Jagdsport oder durch

Prähistorisches Kaninchen

Mönche im Mittelalter. Ein Papstdekret aus dem fünften Jahrhundert hatte verlautbart, dass ungeborene oder neugeborene Kaninchen nicht als Fleisch anzusehen waren und daher während der Fastenzeit gegessen werden durften.

Zum sechsten Jahrhundert hin experimentierten die Mönche mit der Zucht nach Größe und Farbe. Ein Gemälde von Tizian (ca. 1530) zeigt ein rein weißes Kaninchen, das bei der Madonna sitzt. Die Beliebtheit der Kaninchen für ihr Fleisch und für den Sport beeinflusste auch die Hundezucht. Elisabeth I. von England jagte gerne Kaninchen und tat das mit Hilfe von Miniatur-Beagles namens »Taschen«- oder »Kaninchen«-Beagles.

Bis zum 19. Jahrhundert wurden wenig Fortschritte bei der Domestizierung des Kaninchens gemacht, obwohl viele Millionen Kaninchen für ihr Fleisch und ihren Pelz getötet wurden. Der Ansporn für die weitere Domestizierung kam mit der industriellen Revolution auf, als die Menschen vom Land in die rasch wachsenden Städte mit ihren mehrstöckigen Häuserreihen zogen und hofften, in den trostlosen Fabriken und Werken eine Chance auf Arbeit zu erhalten.

In den kleinen Gärten gab es nur begrenzten Raum für andere Tiere als Kaninchen und Tauben, die beide als Schlachttiere gehalten werden konnten. Bald gab es freundschaftliche Wettbewerbe um die besten, hübschesten oder andere bevorzugte Eigenschaften. Dies war der Anfang der Brieftaubenzucht und der Clubs der Tauben- und Kaninchenliebhaber. Vor 1850 waren Schaukaninchen gewöhnlich auf irgendeine Art gemustert – eine frühe anerkannte Rasse war der English Butterfly, der seinen Namen wegen des schmetterlingsförmigen dunklen Flecks auf seiner Nase erhielt. Die wirklichen Stars der Schauen waren jedoch die Widderrassen mit ihren verlängerten Ohren. Ein führender Schaukaninchenzüchter, Delamer, schrieb 1854: »Widderkaninchen sind in der Beurteilung des Schauzüchters die unnatürlichsten und daher die perfektesten und wertvollsten Kaninchen.« Noch immer sehen sie genauso unnatürlich aus und sind genauso beliebt. Obwohl ich sagen muss, dass ich persönlich ein Kaninchen bevorzuge, das in allem außer der Farbe seinen wilden Verwandten ähnlich sieht.

Das heutige Hauskaninchen

Hauskaninchen gibt es in einer verwirrenden Zahl unterschiedlicher Formen, Farben und Größen. Der langbeinige, langohrige, langgliedrige und treffend benannte Belgische Hase (Hasenkaninchen) steht in starkem Kontrast zum Zwergkaninchen mit seinen spielzeugartigen Proportionen und winzigen Ohren. Die herunterhängenden, fast unbeweglichen Ohren der Widderkaninchen, die bei einigen Rassen auf dem Boden schleifen, sind eine Karikatur der hoch beweglichen Ohren ihrer wilden Verwandten oder ihrer Verwandten unter den Hauskaninchen mit hochstehenden Ohren. Die Länge des Fells variiert kontinuierlich vom Kurzhaar der Satinkaninchen über die samtige Fellbeschaffenheit der Rexkaninchen bis zum pudrig-bauschigen Erscheinungsbild des Angorakaninchens. Glücklicherweise hat bisher noch niemand wie bei den Hunden eine haarlose Kaninchenrasse entwickelt. Was die Farben betrifft, ist fast alles, was Sie sich in Ihrer Fantasie ausmalen können, in der Welt der Zuchtkaninchen vorhanden. Rein weiße, tiefschwarze, braune, graue, blaue, silberne, champagnerfarbene, gescheckte, gegürtelte, vielfarbige und sogar naturfarbige, wildartige Kaninchenrassen wie das Agouti sind zu finden.

Mit Ausnahme einiger früher Typen, die für ihr Fleisch und ihren Pelz gezüchtet wurden, ist der Großteil der Kaninchenrassen genauso ein Beweis für die kreativen Instinkte des Menschen wie die Gemälde im britischen Tate-Museum für moderne Kunst. Zwar kann das wohltuende Auswirkungen auf die Psyche des Menschen haben, doch mag es nicht immer zum Wohle des Kaninchens sein. Leider sind Kaninchen anders als Gemälde lebendige, fühlende Lebewesen, die mehr Pflege und Aufmerksamkeit bedürfen als unbelebte Kunstwerke.

Der Ohren- und Felltyp kann zu Verhaltensproblemen führen, die ihre Wurzel in Zuchtfehlern haben. Widderrassen sind anfälliger für Ohrmilbenbefall; ihre nach unten abgeknickten Ohren bieten ein geschütztes, warmes und feuchtes Milieu, in dem die Milben wachsen und gedeihen. Traurigerweise wird bei vielen Kaninchen die Infektion erst entdeckt, wenn sie weit fortgeschritten ist. Aber schon vorher ist das Kaninchen vielleicht schon aufgegeben worden, weil es immer häufiger schlecht gelaunt war. Ich glaube, auch ich würde zu schlechter Laune neigen, wenn meine Ohren wund und mit Milben infiziert wären. Ein weiteres mögliches Ohrproblem ist der Sonnenbrand, insbesondere bei Tieren mit weißen Ohren.

Ähnliche Zuchtprobleme treten bei Kaninchen mit langem Fell auf, deren Extreme das Kaschmir- und das Angorakaninchen sind. Das Fell dieser Tiere bedarf täglicher Aufmerksamkeit, wenn sie – und ihre Laune – nicht darunter leiden sollen. Das Fell kommt rasch durcheinander und verfilzt und die Fellpflege kann ein schmerzhaftes Erlebnis sein. Wenn sie nicht entfernt werden, können sich die verfilzten Haarballen so ineinander verknoten, dass sie an der Haut des Tieres zerren, wenn es sich bewegt. Verfilzungen unterm Kinn können sogar verhindern, dass das Tier frisst oder versucht, sich zu putzen. Angorakaninchen und andere langhaarige Rassen sind extrem hübsch anzusehen; sie verkörpern den »fluffigen Plüschhasen«. Doch wenn Sie nicht wirklich vorhaben, jeden Tag all die vielen Jahre lang, die Ihr Kaninchen leben sollte, ein umsichtiger Halter zu sein, dann planen Sie bitte nicht, solche Rassen zu halten.

In Bezug auf sein physisches Erscheinungsbild hat sich das Kaninchen durch den Prozess der Domestizierung erheblich verändert. Dieser Prozess hält noch immer an, da wir neue Rassen wie das Miniatur-Rex-Kaninchen züchten, das gerade erst 1990 anerkannt wurde. Das Verhalten des Kaninchens jedoch hat sich nicht so radikal von dem seiner wilden Vorfahren entfernt.

Wodurch wird Verhalten beeinflusst?

Das Verhalten wird von zwei Gruppen von Faktoren beeinflusst, denen, die wir erben, und denen, die uns im Laufe unseres Lebens beeinflussen. Erstere sind im Folgenden unter der Überschrift »Natur« zusammengefasst, Letztere unter »Erfahrungen«. Viele Jahre lang debattierte man in der Wissenschaft, wie viel Verhalten rein der Natur eines Tieres zuzuschreiben und wie viel darauf zurückzuführen ist, was sich in seinem Leben ereignet hat. Noch bis vor kurzem wurde Tierverhalten als rein instinktgesteuert betrachtet; wenn es unerwünscht war, dann konnte es nur unwahrscheinlich wieder berichtigt werden. Inzwischen wissen wir jedoch, dass Verhalten Ergebnis sowohl von genetischer Veranlagung als auch von Erfahrungen ist.

Diese Interaktion zwischen genetischen und Umweltfaktoren tritt von Natur aus auf und ist als natürliche Selektion bekannt. Sie ist das Mittel, durch das Tierarten sich entwickeln und verändern. Doch die genetische Veranlagung von Tieren kann auch vom Menschen beeinflusst werden. Über Tausende von Jahren hinweg wurden bestimmte Tiere selektiv gezüchtet, um Linien zu entwickeln, die auf besondere Eigenschaften hin weitergezüchtet wurden. Dies ist als künstliche Selektion bekannt und ist die Methode, mit der wir all die unterschiedlichen Rassen entwickelt haben, die wir beispielsweise bei Hunden, Rindern und Kaninchen finden.

Die Technologie des 20. Jahrhunderts hat es uns ermöglicht, sogar noch mehr Einfluss darauf zu nehmen, welches Genmaterial von welchem Tier verwendet wird, um die nächste Generation zu erzeugen. Die Entwicklung künstlicher Besamung hat das Problem mit zwei Tieren überwunden, die sich nicht »mögen« und sich weigern, sich zu paaren und Nachkommen zu zeugen. Die rapiden Entwicklungen im Bereich der transgenen Züchtungen und die Geburt des Klonschafes Dolly im Jahr 1997 eröffnen immer neue mögliche Methoden, mit denen der Mensch die Genetik der Tier- und Pflanzenwelt zum Guten oder Schlechten hin beeinflussen kann.

Natur – der Einfluss der Vererbung

Kaninchen sind genau wie Menschen Individuen. Wenn sie nicht zufällig ein identischer Zwilling sind, dann sind sie genetisch einzigartig. Alle Säugetiere (außer geklonte) erben die Hälfte ihrer genetischen Veranlagung von der Mutter, die andere Hälfte vom Vater. Wenn wir einmal kurz mit der menschlichen Analogie fortfahren, dann gehören wir alle derselben Art namens *Homo sapiens* an, obwohl es uns auch in unterschiedlichen »Typen«, etwa Asiaten und Kaukasier, gibt. Unterschiedliche Typen treten auch bei anderen Tieren auf, etwa die Warmblüter und Kaltblüter bei den Pferden. Typen sind Ergebnis des natürlichen Selektionsdrucks, zum Beispiel, wenn das Klima die Tierarten beeinflusst und die Chancen auf das Überleben und die erfolgreiche Fortpflanzung der Tiere in diesem Gebiet verbessert.

Das Hauskaninchen ist Nachfahre einer einzigen Tierart der Kaninchenfamilie, dem Europäischen Wildkaninchen. Es entwickelte sich in einem begrenzten Gebiet in Südeuropa und war nicht radikal unterschiedlichen Lebensbedingungen unterworfen. Daher existierte nur ein Typ. Dieser Typ bot dem Menschen das Rohmaterial, um ihn zu domestizieren und seinen Anforderungen entsprechend zu verändern.

Mittels künstlicher Selektion haben wir eine Reihe verschiedener Kaninchengruppen entwickelt, die auf Eigenschaften wie Felllänge, Größe und Ohrform hin gezüchtet werden. Diese sind als Kaninchenrassen bekannt und in Europa gibt es derzeit fast 200 verschiedene Rassen mit einer Vielzahl von Farbvariationen.

Das Verhalten eines Tieres wird teilweise von seiner genetischen Veranlagung bestimmt. Dies kann ein ziemlich direkter Einfluss sein; einige Rassen wie das Zwergkaninchen reagieren schneller und sind flatterhafter als ihre phlegmatischeren französischen Widder-Verwandten. Doch die Genetik kann auch einen indirekten Einfluss auf das Verhalten haben. Im Allgemeinen wird die Zucht auf Zwerge oder Riesen hin Verhaltensprobleme zur Folge haben, die mit den herausselektierten körperlichen Extremen zusammenhängen. Zwergrassen, ob Kaninchen oder Hunde, leiden tendenziell an mehreren Problemen. Von besonderer Bedeutung ist die zu enge Zahnstellung. Der miniaturisierte Kopf und Kiefer der Zwergkaninchenrassen haben zur Folge, dass die fortwährend nachwachsenden Zähne deformieren und zu körperlichem Stress führen können, der wiederum Verhaltensveränderungen verursachen kann.

Die Genetik bestimmt außerdem das Geschlecht. Es ist wohl offensichtlich, dass Männchen sich von Weibchen unterscheiden. Beide haben bestimmte Verhaltensweisen, die das andere Geschlecht anziehen sollen, um sich fortzupflanzen und sicherzustellen, dass ihre Gene an die nächste Generation weitergegeben werden. Paarungs-, Aufzucht- und Revierverhalten sind in hohem Maße genetisch vorbestimmt. Oft werden sie durch Veränderungen des Hormonspiegels herbeigeführt. Die Hormone sowohl von Kaninchenböcken als auch -weibchen werden von der zunehmenden Tageslänge Ende Januar beeinflusst. Ein Teil des Gehirns namens Hypothalamus wird von der zunehmenden Lichtmenge im Verhältnis zur Dunkelheit angeregt, wenn in der ersten Zeit des Frühlings die Tage länger werden. Der Hypothalamus sendet dann Hormonbotschaften an die Sexualorgane, um diese anzuregen. Während des Winters sind die Hoden des Männchens in den Körper eingezogen und inaktiv. Durch die Hormonbotschaften des Hypothalamus senken sich die Hoden ab und vergrößern sich, um bei Wildkaninchen eine Größe von 3,0 cm Länge und 0,8 cm Durchmesser zu erreichen, und beginnen mit der Spermienproduktion. Auch das Weibchen fängt an, für die Reproduktion aktiv zu werden, verfällt in ein Stadium fortdauernder Läufigkeit und ist zwei oder drei Tage in der Woche paarungswillig. Die Fortpflanzungssaison dauert von Ende Januar bis Ende Juli. Sie wird von Verhaltensveränderungen wie verstärktem Revierverhalten begleitet. Wenn Sie schon einmal bemerkt haben, dass Ihr Kaninchen besonders mürrisch zu sein schien, wenn Sie es im Sommer aus seinem Stall holten, haben Sie das vielleicht darauf zurückgeführt, dass das warme Wetter es störte. Das könnte ein Teil des Problems sein, doch es könnte auch einfach nur an der bestimmten »Jahreszeit« gelegen haben.

Erfahrungen – der Einfluss der Umwelt

Erfahrungen

Alle Tiere lernen ihr Leben lang. Sie lernen aus ihrer Erfahrung, ob die Reize, auf die sie treffen, eher gute oder eher schlechte Folgen haben werden. Dies wird Assoziationslernen genannt. Im Grunde bedeutet es, dass Tiere Assoziationen zu Dingen aufstellen, auf die sie in ihrer Welt treffen, das, was sie erblicken, hören, riechen, und dann folgern, ob diese angenehme oder unangenehme Folgen haben. Ihr Kaninchen wird rasch lernen, dass das Geräusch von Futter, das in seinen Napf gefüllt wird, ein »gutes Geräusch« ist, und wird zu Ihnen kommen. Wenn Ihr Kaninchen jedoch das Pech hat, zu überschwänglich von einem Kind gepackt zu werden, dann kann das Geräusch von Kinderstimmen zur Folge haben, dass es in seinen Stall läuft. Dies kann eher bei kleineren Rassen auftreten, deren Knochen kleiner, zerbrechlicher und nicht so gut gepolstert sind wie die größerer Rassen.

Obwohl Tiere ihr ganzes Leben lang lernen, sind sie tendenziell neugieriger und lernen leichter, wenn sie noch jung sind. Das gilt auch für Menschen: Wenn wir älter werden, fällt es uns schwerer, neue Dinge und Sprachen zu erlernen. Frühe Erfahrungen können auch das Verhalten eines Tieres im späteren Leben beeinflussen. Ein sanfter früher Umgang mit Menschen kann zur Folge haben, dass das Kaninchen ihnen gegenüber entspannter und freundlicher sein wird, obwohl selbst das nicht so einfach ist, wie es sich anhört. Ein junges Kaninchen, das nur Erfahrungen im Umgang mit Frauen gemacht hat, kann später vor Männern Angst haben.

Für alle Tiere ist es wichtig, sich an Reize zu erinnern, die eine mögliche Gefahr anzeigen. Für ein Beutetier wie das Kaninchen ist dies möglicherweise noch wichtiger, da ein Fehler tödlich ausgehen und es als Mahlzeit eines anderen Tieres enden kann. Folglich braucht ein Kaninchen nur eine einzige schlechte Erfahrung, um eine Assoziation aufzustellen, die nur schwer wieder änderbar ist. Ein gutes Gedächtnis ist nicht gerade das, was wir mit Kaninchen in Verbindung bringen, doch ihre Fähigkeit, zu lernen und sich an das Gelernte zu erinnern, war schon Thema vieler Studien und wird in der Literatur über das Lernen von Tieren gut dokumentiert.

Viele von Ihnen haben ihrem Kaninchen vielleicht Kunststücke beigebracht und werden wissen, dass es sich daran erinnern kann, was es für ein Stück Apfel tun muss. Sie können auch ein paar Lerntests machen, um die Gedächtnisleistung Ihres Haustieres zu prüfen. Sie können Ihrem Kaninchen beibringen, zwischen Musterpaaren zu unterscheiden, um ein Leckerchen zu erhalten (Salz-Cracker im Falle meines Kaninchens Andy). Hat es einmal ein Musterpaar erlernt, bringen Sie ihm noch eines bei. Dann geben Sie ihm eine Pause von einigen Tagen oder einer Woche und prüfen, an wie viel es sich erinnert. Kaninchen können auch lernen, ihren Weg durch Labyrinthe zu finden, um an ein leckeres Häppchen zu kommen. Tatsächlich sind sie darin sehr bewandert, denn schließlich leben sie in freier Natur ja in einem unterirdischen Labyrinth, dem Kaninchenbau.

Haltung

Hauskaninchen haben einen Lebensstil, der sich ziemlich von der Umgebung ihrer Vorfahren unterscheidet. Sie haben nicht notwendigerweise die gleiche Bewegungsfreiheit, die Wahl zwischen Sonne oder Schatten, sich über oder unter der Erde aufzuhalten, was sie fressen oder mit wem sie Kontakt haben.

Gesellschaft

Die meisten Kaninchen verbringen ihr Leben in einem Stall, oft ohne Auslauf, mit keinem anderen Kaninchen als Kamerad. Selbst wenn mehrere Kaninchen gehalten werden, befinden sie sich wahrscheinlich in separaten Ställen und können ihre Nachbarn, die im Stall über oder unter ihnen leben, lediglich riechen und hören und noch nicht einmal sehen. Sie können nicht wählen, neben wem sie sich aufhalten, und mögen ihren Nachbarn vielleicht gar nicht. Und selbst wenn sie es tun, können sie sich nicht gegenseitig ablecken oder sich freundschaftlich nebeneinander legen.

Es wird oft dazu geraten, Kaninchen alleine zu halten, und tatsächlich können Kaninchenkämpfe auch tödlich enden. Kaninchen sind jedoch gesellige Tiere, was man oft auf Spaziergängen auf dem Land bemerken kann. Kaninchen, die zusammengeführt werden, vorzugsweise wenn sie noch jung, also um die sechs Wochen alt, sind und eine ähnliche Größe haben, können enge Freundschaften bilden. Um Kämpfe auf Grund hormoneller Veränderungen zu vermeiden, wenn sie das Erwachsenenalter erreichen (und während der Fortpflanzungssaison), ist es ratsam, Männchen und Weibchen früh kastrieren zu lassen.

Kaninchen können auch glücklich mit anderen Tierarten zusammenleben, etwa mit Meerschweinchen. Auch hier werden die Tiere am besten zusammengeführt, wenn sie noch jung sind. Gleich, ob der Kamerad Ihres Kaninchens ein anderes Kaninchen oder ein Meerschweinchen ist, ist es wichtig, dass die Tiere genügend Platz und einen Unterschlupf zur Verfü-

Kaninchen können ungewöhnliche Freundschaften eingehen.

gung haben – wenn ein Meerschweinchen dabei ist, muss ein Unterschlupf so klein sein, dass das Meerschweinchen hinein passt, das Kaninchen jedoch nicht. Genau wie bei Menschen, die zusammen im selben Haus wohnen, sind auch Kabbeleien zwischen Ihrem Hasen und seinem Kameraden unvermeidlich, und die Bereitstellung von Unterschlüpfen ermöglicht es ihnen, sich für eine Weile zu trennen, bis sich ihre Laune wieder gebessert hat.

Kaninchen können ungewöhnliche Freundschaften eingehen. Sie können von einem Tier akzeptiert werden und es ihrerseits akzeptieren, das eigentlich ein gefürchteter Feind sein müsste, nämlich Katze oder Hund. Gump, ein Hauskaninchen in meinem Bekanntenkreis, ist eng mit Bags befreundet, einem großen Gordon Setter, mit dem er zusammenlebt. Er reibt auch gerne seine Nase an der meines eigenen Colliemischlings, legt sich zusammen mit ihm hin, wenn wir zu Besuch kommen, und zieht sich nur zurück, wenn die beiden Hunde zu spielen anfangen. Gump wurde vorsichtig in den Haushalt eingeführt, als beide Hunde erwachsen waren, und es gibt keine Probleme, obwohl beide Hunde, wenn sie die Möglichkeit haben, gerne Wildkaninchen jagen.

Freiraum

Immer wieder bin ich bestürzt über die Kaninchenkäfige, die verkauft werden: Sie sind so klein! Dies hat seine Wurzel in der Auffassung, Kaninchen bräuchten keinen Freiraum und könnten zufrieden in einem kleinen Stall im Garten leben. *Falsch!* Kaninchen werden, wenn sie die Möglichkeit haben, herumtollen, Luftsprünge machen und herumrennen; sie sind ungeheuer neugierige Tiere. Jahrelang in einem Stall eingesperrt zu sein, kann körperliche und psychische Schäden zur Folge haben. In vielen Zoogeschäften werden so genannte »Einsteiger-Käfige« angeboten. Diese sind *vielleicht* für Babykaninchen oder erwachsene Zwergkaninchen geeignet, ohne Auslauf jedoch überhaupt nicht. In jedem Fall wachsen Babykaninchen noch, und der Käfig, der groß genug war, um sich als Baby flach hinzulegen oder sich in voller Länge ausstrecken zu können, ist dafür wahrscheinlich nicht mehr groß genug, wenn sie erwachsen sind. Viele Kaninchen haben nur so viel Platz, dass sie ein oder zwei Hopser von einem Ende ihres Käfigs zum anderen machen können. So möchte ich nicht mein Leben verbringen müssen!

Mangelnder Freiraum bedeutet, dass Kaninchen eine deformierte Wirbelsäule entwickeln können, was extrem schmerzhaft sein kann, besonders, wenn das Kaninchen hochgenommen und getragen wird. Dies wiederum kann zur Folge haben, dass ein Kaninchen aggressiv wird, da es das Hochnehmen mit Rückenschmerzen in Verbindung bringt. Mangelnde Bewegung bedeutet, dass Kaninchen an Osteoporose oder schwachen Knochen leiden. Dies macht sie anfälliger für Knochenbrüche, besonders die größeren Rassen. Mangelnde Bewegung bedeutet außerdem, dass das Kaninchen wahrscheinlich übergewichtig wird, ein schwaches Herz und ein kürzeres Leben hat. Nichts, was man seinem Haustier eigentlich wünscht.

Ein integriertes Stall- und Auslaufsystem ermöglicht es dem Kaninchen, selbst zu wählen, sich draußen oder drinnen aufzuhalten, zu laufen oder zu sitzen, sich in die Sonne oder in den Schatten zu begeben. Ein solches System muss groß genug sein, um dem Kaninchen zu erlauben zu rennen, zu hüpfen, zu springen und sich auszustrecken. Er muss außerdem ausbruchsicher sein, d. h. eine Abdeckung und einen Drahtboden haben, und Schutz vor Füchsen und Katzen bieten. Auf diese Weise kann Ihr Kaninchen körperlich gesünder und ein glückliches, unterhaltsameres Haustier sein.

Ernährung

Der Spruch, dass wir sind, was wir essen, gilt für Kaninchen genauso wie für Menschen. Was wir essen, beeinflusst unsere Gesundheit und kann auch unser Verhalten beeinflussen.

Das Kaninchen ist ein effizienter Esser mit einem Verdauungssystem, das auf Recycling basiert, was bedeutet, dass es alles zweimal verwertet, um den maximalen Nutzen daraus zu ziehen. Kaninchen und andere Mitglieder der Familie der Hasentiere oder *Lagomorpha* (Hasen und Pikas, die Felsenkaninchen Nord-, Mittel- und Südamerikas) sind, was ihre Verdauung anbelangt, einzigartig in der Tierwelt. Die Nahrungsverarbeitung dieser Gruppe steht auf dem Gipfel der Effizienz.

Kaninchen haben sich in einem Lebensraum entwickelt, der von Buschland minderer Qualität gekennzeichnet ist, und ihr Verdauungssystem hat sich dahingehend entwickelt, den maximalen Nutzen aus einer Nahrung zu ziehen, die nährstoff- und kalorienarm ist. Kaninchen bewegen ihre Nahrung zweimal durch ihren Darm. Hierzu verfällt das Kaninchen in eine besondere Gewohnheit namens Koprophagie. Mit seinem Maul nimmt es einige seiner Kotbällchen direkt vom After auf und schluckt sie herunter.

Uah! Die Kotbällchen, die Sie auf dem Boden des Kaninchenkäfigs finden, sind hart und trocken und enthalten die Nahrungsreste, die das Kaninchen nicht verwerten kann. Die Kotbällchen aber, die es aufnimmt und herunterschluckt, sind weich, feucht und mit Schleim bedeckt. Bei dieser zweiten Reise der Nahrung durch das Verdauungssystem findet der Großteil der Absorption der Nährstoffe statt. Übrig bleibt, was Sie sehen und wegräumen.

Dieses System ist nicht nur effizient, weil es Kaninchen ermöglicht, von minderwertiger Nahrung zu leben, sondern auch, weil es bedeutet, dass sie sich nicht lange über der Erde aufhalten müssen, wo sie Raubtieren ausgeliefert sind. Stattdessen können sie sich den Magen voll schlagen und sich dann wieder in den sicheren Bau zurückziehen, um den Großteil des Verdauungsvorgangs fortzuführen. Die weichen Kotbällchen werden tagsüber produziert, wenn die Kaninchen sich unter der Erde befinden, oder mitten in der Nacht, wenn sie gerade nicht grasen.

Kaninchenhalter geben ihren Tieren zu Hause meist handelsübliches Kaninchenfutter, oft eine Mischung aus Pellets und Flocken aus Gräsern, Hafer, Kleie, Erbsen und Körnern. Diese sind wesentlich nahrhafter als die Gräser in ihrem natürlichen Lebensraum. Hinzu kommt, dass sie für das Fressen dieses konzentrierten Futters nicht besonders lange brauchen und hierdurch auch nicht unbedingt eine ausgewogene Ernährung erhalten, da sie sich wie auch wir lieber die leckeren Häppchen heraussuchen und das andere Futter im Napf eher vernachlässigen.

Solch ein hochwertiges Futter und eine möglicherweise unausgewogene Ernährung können das Verhalten eines Kaninchens beeinflussen. Beides kann verantwortlich für eine zunehmende Tendenz zu Aggressionen sein, besonders, wenn das Kaninchen wenig anderes als Beschäftigung hat. Das ist so, als würde man ein Rennpferd mit Unmengen Hafer füttern, ihm aber nicht erlauben zu laufen, oder einem Boxer Kraftnahrung verpassen und ihm nicht erlauben, sie wieder abzukämpfen.

Ein weiteres Problem des Trockenfutters ist, dass es dem Kaninchen nicht erlaubt, seine Zähne so zu benutzen, wie sie sich entwickelt haben. Kaninchenzähne sind dazu geschaffen, zu durchtrennen und insbesondere zu mahlen. Kleine harte Futterpellets können nicht durchtrennt, sondern müssen von den Backenzähnen zerdrückt werden (siehe *Anorexie*, S. 81). Dies wiederum kann zu einer Fehlstellung der Zähne führen. Das Problem wird durch den hohen Nährstoffgehalt des Futters weiterverschlimmert, da hierdurch die Zähne schneller wachsen und sich abnutzen können. Fehlgestellte Zähne werden pathologisch lang und gewöhnlich werden sie dann vom Tierarzt gekürzt. Das kann zu Zahnbrüchen führen und weitere Fehlstellungen verursachen. Auch ist es wahrscheinlich schmerzvoll, wie jeder mit einem gebrochenen Zahn bestätigen kann.

Die wirkliche Antwort heißt, dafür zu sorgen, dass der Großteil der Nahrung Ihres Kaninchens aus trockenem Heu (getrockneten Gräsern), Grünpflanzen und Pflanzen wie Möhren und Löwenzahn besteht. Dies garantiert eine ausgewogene Ernährung des Kaninchens, ist gut für seine Zähne und bietet ihm eine natürliche Art, seine Zeit zu verbringen.

Bei einer Tagung über die Haltung von Kaninchen war interessant, dass Experten für Zahn-, Atemwegs- und Verhaltensprobleme von Kaninchen alle dieselbe Botschaft hatten: *Kaninchen sind dafür geschaffen, Gras zu fressen.*

Das Tier verstehen

Um das Verhalten der heutigen Hauskaninchen zu verstehen, müssen wir uns ihre Geschichte ansehen. Die Geschichte hat auf zweierlei Weisen Einfluss auf ein Tier: einerseits die Geschichte der Vorfahren der Tierart, seine Evolution, und andererseits die persönliche Geschichte des Individuums, seine Lebenserfahrung. Viele Verhaltensweisen, die wir im nächsten Teil »Wildkaninchen – Hauskaninchen« aufgreifen werden, werden artspezifisch sein und haben sich aus der Evolutionsgeschichte des Kaninchens ergeben. Im letzten Teil »Kaninchen verstehen« werden viele der diskutierten Verhaltensweisen von der Erfahrung des Individuums beeinflusst.

Diese Aufsplitterung von Verhaltensursachen in solche, die aus der Geschichte der Tierart und solche, die aus der Geschichte des Individuums herrühren, ist auf alle Tiere anwendbar, einschließlich uns selbst. In Wirklichkeit ist diese Trennung nicht eindeutig: Das Verhalten, das ein Individuum als Reaktion auf bestimmte Erfahrungen zeigt, wurzelt im genetischen Entwurf dieses Individuums, der wiederum in seiner Familiengeschichte wurzelt, die ihrerseits in der Evolutionsgeschichte der Tierart wurzelt.

Das heutige Kaninchen hat seinen Ursprung im trockenen Mittelmeerklima Südspaniens. Seine Vorfahren hatten sich dorthin zurückgezogen, um der Kälte der Eiszeit zu entfliehen. Ein ähnliches Phänomen wie bei Menschen, die sich in wärmere Gefilde zurückziehen, um dem hiesigen Winter zu entkommen, aber da hören die Ähnlichkeiten auch schon auf.

Der bedeutendste Anhaltspunkt zum Verständnis des Kaninchens ist vielleicht die Tatsache, dass es ein Beutetier mit einer Reihe von Feinden ist. Wildkaninchen wiegen um die 1,5 kg und gehören zu den mittelgroßen Beutetieren. Das heißt, dass sie ein befriedigenderes Mahl darstellen als Spitzmäuse oder Mäuse und klein genug sind, um von einem einzelnen Tier gefasst zu werden – anders als, sagen wir, ein Zebra, bei dem zwei oder mehr Löwen vonnöten sind, um es niederzuzwingen.

Wildkaninchen stehen ganz oben auf der Speisekarte von mehr als 20 verschiedenen Raubtierarten. Sie haben Feinde, die sie aus der Luft angreifen, darunter Bussarde, Eulen und sogar Steinadler. Sie werden von Füchsen gejagt und gefangen, die genau wie Dachse auch Babykaninchen aus ihren Nestbauten ausgraben. Selbst erwachsene Kaninchen sind unter der Erde nicht sicher. Doch ihre größten Feinde sind wohl die Wiesel. Plündernde Familiengruppen dieser Tiere jagen Kaninchen auf organisierte Art und Weise. Einige Mitglieder der Jagdgesellschaft steigen in den Kaninchenbau hinab, um die erschrockenen Bewohner an die Oberfläche zu treiben, wo sie vom Rest der Gruppe gefasst werden, die an den Ausgängen auf sie warten. Kenneth Grahame hat in *Der Wind in den Weiden* nicht umsonst die Wiesel als die Bösen porträtiert.

Die Hauptbedingungen für ein ausgefülltes und produktives Leben sind genügend Nahrung, vermeiden, gefressen zu werden und die Fortpflanzung. Der Großteil des Verhaltens der Tiere ist auf diese drei Aspekte der Existenz ausgerichtet. Wie wir später noch sehen werden, zielt vieles im Verhalten des Kaninchens darauf ab, zu vermeiden, gefressen zu werden und das Überleben der Jungen zu garantieren. Sogar der Prozess des Kotfressens, der im Abschnitt über Ernährung beschrieben wurde, ist dazu gedacht, die Möglichkeit zu verringern, dass das Kaninchen mit einem gefährlichen Raubtier in Konflikt gerät.

Das Wissen, dass das Kaninchen eine Beutetierart ist, hat weit reichende Implikationen für die Erklärung, warum Kaninchen tun, was sie tun und wie wir mit ihnen umgehen sollten. Allgemein gesprochen ist die Kommunikation von Beutetieren eingeschränkter und subtiler als die von Raubtieren wie dem Hund. Der Evolutionsprozess hat jene Kaninchen ausselektiert, die übersteigerte Begrüßungs-, Schmerz- oder Angstsignale zeigten. Solche Zeichen können fatale Auswirkungen haben, da sie die Aufmerksamkeit auf den Verursacher lenken und anzeigen können, dass das Tier auf irgendeine Art verletzlich und damit eine leichte Beute ist, selbst wenn es einfach nur dermaßen damit beschäftigt ist, seine Kameraden zu grüßen, dass es nicht auf die mögliche Anwesenheit eines Raubtiers in der Nähe achtet.

Das Hauptanliegen derjenigen, die bei der Domestizierung des Kaninchens mitgewirkt haben, von den frühen Mönchen bis zum heutigen Kaninchenliebhaber, war, Kaninchen mit bestimmten körperlichen Eigenschaften zu erhalten. Eine Veränderung ihrer Verhaltensweisen war nicht das Hauptziel. Das ist das Gegenteil dessen, was im Falle des Hundes passierte, bei dem der Mensch künstlich auf bestimme Verhaltenszüge selektiert hat, etwa starker Herdeninstinkt bei den Hütehunden, starker Revierinstinkt bei den Wachhunderassen oder starker Kampfinstinkt bei den Terriern. Als Folge dessen ist es weniger einfach, vom Verhalten des Vorfahren des Hundes, dem Wolf, direkt auf das Verhalten der heutigen Hunde zu schließen. Studien haben allerdings gezeigt, dass das Verhalten von Wild- und Hauskaninchen sich sehr ähnlich ist. Das gibt uns Recht, wenn wir das Verhalten, das wir bei Hauskaninchen sehen, mit dem in Verbindung bringen, was wir über Verhalten und Lebensraum ihrer wilden Verwandten wissen.

Teil zwei:

Das Kaninchen

Wildkaninchen – Hauskaninchen

In diesem Teil des Buches werde ich versuchen, die Grundmerkmale des Wildkaninchenverhaltens zu beleuchten. Sie werden womöglich lächeln, wenn Sie in den folgenden Beschreibungen Verhaltensweisen Ihres eigenen Kaninchens wiedererkennen und werden am Ende besser verstehen, warum Ihr Kaninchen tut, was es tut.

Wildkaninchenverhalten von A bis Z

Alarmbereitschaft

Die Möglichkeit, als Mahlzeit eines anderen zu enden, durchdringt alle Aspekte der Existenz eines Kaninchens, und Alarmbereitschaft ist seine primäre Verteidigungsart, eine unablässige Aktivität, die den Einsatz aller hoch entwickelten Sinne des Kaninchens, Riechen, Hören und Sehen, erfordert. Von diesen drei Sinnen ist der Geruchssinn wahrscheinlich der Wichtigste.

Kaninchen verbringen viel Zeit im Dunkeln, da sie sich den größten Teil des Tages unter der Erde aufhalten, in der Abenddämmerung an die Oberfläche kommen und sich bald nach der Morgendämmerung wieder nach unten begeben. Selbst wenn ein Kaninchen anscheinend schläft und in der Nachmittagssonne döst, wird seine Nase fortwährend die Luft auf das geringste Anzeichen für Gefahr untersuchen. Die Nase des Kaninchens ist auf zwei Arten lebenswichtig. Sie ist nicht nur der Hauptluftweg für die Lungen, sondern sie ist das Hauptradar- und Frühwarnsystem des Kaninchens. Ein Wildkaninchen, das einer Infektion erliegt, die seinen Geruchssinn schädigt, wird nur unwahrscheinlich noch lange weiterleben. Als Kind war für mich das ständige Auf und Ab der Nase solch ein hervorstechendes Merkmal von Kaninchen, dass mein erstes Kaninchen mit vollem Namen Thumper Whiffly McBride hieß (das Wort »Whiffly« leitet sich von Engl. »whiff«, also Luftzug, ab. *Anmerk. der Übersetzerin*). Durch die Bewegung der Nase wird Luft in die Nasenlöcher gezogen. Beim Einziehen der Luft teilt sich die gespaltene Oberlippe des Kaninchens, um die Feuchtigkeit darunter freizusetzen, welche die Intensität jedes vorbeiziehenden Geruchs verstärkt. Viele Substanzen, die einen bestimmten Geruch abgeben, können mit Wasser vermischt werden und werden damit leichter von den Nervenenden im

Nasengang erkannt. Dieser Zusammenhang zwischen Wasser, Geruchsmolekülen und Nasalnerven erklärt, warum Blumen in unserem Garten nach einem leichten Regen oder am frühen Morgen oder Abend, wenn sie mit Tau bedeckt sind, stärker duften.

Die Körperteile, die uns vielleicht zuerst in den Sinn kommen, wenn wir an Kaninchen denken, sind ihre Ohren. Sie sind drollig groß, verglichen mit dem kleinen, fein gerundeten Kopf, den sie schmücken. Diese große Oberfläche ermöglicht es dem Kaninchen, mehr Schallwellen in das Ohr einzutrichtern und damit Geräusche von sehr geringer Lautstärke wahrzunehmen. Ein Kaninchen kann seine Ohren unabhängig voneinander bewegen, was dem Tier ermöglicht, Schall aus mehreren Richtungen gleichzeitig aufzuspüren und die Schallquelle genau zu orten.

Der dritte Aspekt des Kaninchen-Radarsystems ist seine Sicht. Die Augen wölben sich nach außen und sitzen hervortretend an den Seiten des Kopfes nahe der Kopfspitze. Diese Lage bietet ein weites Sichtfeld fast um den ganzen Körper herum. Tatsächlich ist der Bereich, den das Kaninchen am wenigsten sehen kann, der direkt vor ihm liegende. Da seine Nase und Ohren es ihm jedoch ermöglichen, die Quelle jeder möglichen Gefahr zu lokalisieren, kann das Kaninchen dann rasch seinen Kopf drehen, um die Situation einzuschätzen.

Jeder Militärbefehlshaber wird bestätigen: Je mehr Augen, desto besser die Chance, einen hinterhältigen Angriff des Feindes zu entdecken. Wahrscheinlich ist das der Hauptgrund dafür, dass Kaninchen in Gruppen leben. Je größer die Zahl der Kaninchen am Boden ist, desto mehr Augen, Ohren und Nasen sind da, um jedes Raubtier aufzuspüren, und desto höher ist die Chance für jedes einzelne Tier, ausreichend gewarnt zu werden, um erfolgreich fliehen zu können.

Wachsamkeit macht einen Großteil der Nahrungsaufnahme eines Kaninchens aus. Das Grasen wird oft vom kurzen Überfliegen der Umgebung unterbrochen. Sie haben wahrscheinlich schon bei Ihrem eigenen Kaninchen bemerkt, wie es ein Maul voll Futter nimmt und dann beim Kauen seinen Kopf anhebt oder sich sogar aufrecht auf seine Hinterbeine setzt, um sich einen besseren Überblick zu verschaffen. In meinen Studien über Hauskaninchen fand ich heraus, dass ungefähr 12 Prozent des Verhaltensrepertoires des Kaninchens daraus bestehen, in dieser wachsamen Position zu sitzen. Es verbringt erheblich mehr Prozent, nämlich ungefähr 60 Prozent der Zeit, damit, normal zu sitzen oder zu liegen, wobei es vielleicht seine Nahrung verdaut, doch die ganze Zeit über sind Ohren, Augen und Nase »in Alarmbereitschaft«. Andere Studien haben gezeigt, dass die Häufigkeit, mit der ein Kaninchen seine Nahrungsaufnahme unterbricht, davon abhängt, wie viele andere Kaninchen in der Nähe sind und wie weit sich das individuelle Tier vom Bau entfernt befindet. Je mehr Kaninchen da sind, desto weniger Zeit verbringt ein einzelnes Tier damit, den Horizont abzusuchen. Zu den individuellen Absuchgewohnheiten können mehrere kurze Checks oder längere Wachsamkeitsabschnitte gehören, was in der Fachsprache »sichern« heißt.

Der Zusammenhang zwischen dem Ort, wo ein Kaninchen frisst, und der Höhe seiner Wachsamkeit ist schon komplizierter. Falls das Kaninchen irgendwo frisst, wo sich ein Raubtier verstecken könnte, zum Beispiel in der Nähe einer Hecke oder einer Gartenhütte, dann wird es oft seinen Kopf anheben, um zu überprüfen, ob alles in Ordnung ist. Ein häufiges Prüfen der Lage ist auch notwendig, wenn das Tier mehr als 35 Meter von seinem Bau entfernt frisst. Eine solche Entfernung rasch zurückzulegen ist ziemlich anstrengend und kann bedeuten, dass es von einem schnellfüßigen Feind wie dem Fuchs eingeholt und gefasst wird. Frisst das Kaninchen jedoch in mäßiger Entfernung von seinem Bau und fern jeder Versteckmöglichkeit, die ein Feind sich zunutze machen könnte, kann es sich ruhig ein wenig entspannen in dem Wissen, dass es Zeit hat, in seinen Bau zu fliehen, falls es überrascht wird. Falls Sie Ihr eigenes Kaninchen tagsüber in ein Außengehege bringen, sollten Sie dafür sorgen, dass sich in dem Gehege eine Kiste oder ein kleiner Stall befindet. Abgesehen von dem offensichtlichen Vorteil, dass er vor Sonne und Regen schützt, wird ein solcher Unterschlupf auch dafür sorgen, dass Ihr Kaninchen sich sicherer und entspannter fühlt, während es den Rasen für Sie mäht.

Das Aufspüren von Raubtieren ist nicht die einzige Funktion von Alarmbereitschaft. Es wurde festgestellt, dass auch die Entfernung eines Kaninchens von seinem Partner den Grad seiner Wachsamkeit beeinflusst. Je weiter das Weibchen vom Männchen, und umgekehrt, entfernt ist, desto öfter finden Überprüfungen von Position und Aktivität des anderen statt ... eigentlich wie bei uns.

Ammenmärchen

Kaninchen und Hasen sind oft in Mythen und Aberglaube zu finden. In einigen Fällen werden die beiden Tierarten ziemlich durcheinandergebracht, und manchmal scheint der Umstand, ob es sich um ein Kaninchen oder einen Hasen handelt, am Ende kaum einen Unterschied zu machen.

Ein bekannter Aberglaube besagt, ein Hasen- oder Kaninchenfuß sei ein Talisman, der Krankheiten und Unglück abwehre. Um auch zu wirken, musste der Fuß natürlich auf eine bestimmte Weise präpariert werden. Ohne das Fußgelenk nämlich war der Kaninchen- oder Hasenfuß vollkommen nutzlos. Mitte des siebzehnten Jahrhunderts glaubte man, das Tragen eines solchen Objektes helfe sicher gegen Bauchschmerzen. Wahrscheinlich stammt dieser Glaube ursprünglich von den Afrikanern, die als Sklaven nach England und Amerika gebracht wurden. In Afrika waren Hasen (und auch ihre Doppelgänger, die Kaninchen) schon lange als mystische Geschöpfe angesehen worden, eine Tradition, die von uralten animistischen Religionen herstammt. Das Reiben eines Hasen- oder Kaninchenfußes brachte ganz sicher Glück, allerdings nur, wenn es sich um den linken Fuß des Tieres handelte.

Viele Fischer glaubten (und manche tun das noch immer), die Mitnahme eines Kaninchenkörperteils an Bord eines Bootes oder Schiffes sei ein sicheres Mittel zum Kentern. Wenn Sie mit einem Kaninchenfuß in Ihrer Tasche erwischt wurden, konnte das bedeuten, dass Sie den Weg nach Hause schwimmend zurücklegen mussten, weil Ihre Schiffskameraden Sie und das Objekt des Anstoßes über Bord geworfen hatten.

Eine Frage, bei der es keine Meinungsverschiedenheiten zu geben scheint, ist die berüchtigte Fähigkeit des Kaninchens, sich fortzupflanzen. Es war lange Zeit ein Symbol für Sünde und Wolllust und wurde oft als Begleiter der Venus, der Göttin der Liebe, dargestellt. Diese Assoziation von Kaninchen mit der Fruchtbarkeit ist bis heute in Form des Osterhasen erhalten geblieben. In der vorchristlichen Tradition gab es in jedem Frühling ein Fest für die Göttin Eastre, die von einem Hasen begleitet wurde (später entthront und ersetzt von einem Kaninchen), um den Beginn des Frühlings und die damit in Verbindung gebrachte Geburt neuen Viehs und das Wachsen der Nutzpflanzen einzuläuten. Dieses Fest wurde in das neue christliche Osterfest miteinbezogen. Die traditionellen Ostereier repräsentieren die Kräfte der Schöpfung und der Erneuerung, ein weiteres Wunder des Frühlings.

Fellpflege

Ein Kaninchen, das sich seiner Fellpflege widmet, ist ein niedlicher Anblick. Kaninchen lecken ihre Vorderpfoten ab und wischen sich dann damit über Gesicht und Ohren, wobei sie Letztere öfters bis auf die Augen herabziehen, um die Rückseite wirklich sauber zu bekommen. Sie verbringen außerdem Zeit damit, Beine, Rücken, Hüften und Bauch mit raschen, präzisen Bewegungen ihrer Zähne zu beknabbern, um Dornen, Schmutz und loses Fell zu lösen und zu entfernen. Auch das Kratzen des Fells mit den Hinterbeinen ist Teil der Fellpflege, ein Verhalten, das einiges an Übung erfordert, wie jeder bestätigen wird, der schon einmal ein Kaninchenbaby beobachtet hat, das enthusiastisch die Luft statt seinen Kopf kratzt.

Die Fellpflege ist ein extrem wichtiges Verhalten, da ein gut erhaltenes Fell besseren Schutz vor dem Wetter bietet und die Chance verringert, dass das Kaninchen auf Grund von Fliegenmaden-, Milben- oder Läusebefall krank wird. Kaninchen sind penibel reinliche Geschöpfe und verbringen um die 16 Prozent ihrer täglichen Aktivitäten mit der Fellpflege. Wildkaninchen sind in einen kurzen, dichten Pelz gehüllt. Das weiche Unterfell, einst von feinen Damen und Filzherstellern geliebt, ist mit lockigen, feinen Haaren und Deckhaaren bedeckt. Einmal im Jahr hat das Kaninchen Fellwechsel und wechselt seinen kompletten Pelz. Der Haarausfall beginnt im März und endet im Oktober mit einem dicken Winterfell als Ergebnis. Besonders wichtig ist, den Bereich um den After herum sauber und frei von verworrenem Fell zu halten. Verfilztes Fell kann hier zur Folge haben, dass die Kaninchen nicht die weichen, feuchten Kotbällchen passieren lassen können, die sie für die Wiederaufnahme produzieren. Ein Kaninchen, das dazu nicht in der Lage ist, wird wahrscheinlich rasch in einen schlechteren Zustand geraten, da es so nicht alle lebenswichtigen Nährstoffe erhält.

Kaninchen geben sich außerdem der gegenseitigen Fellpflege hin. Es ist nicht ungewöhnlich, Kaninchen zu sehen, die dicht aneinander liegen und sich gegenseitig die Ohren und den Kopf ablecken und anknabbern. Aus Studien über Wildpferde weiß man, dass ein solches Verhalten die Herzfrequenz der Teilnehmer senken kann, was vermuten lässt, dass es sich um ein angenehmes, entspannendes Verhalten handelt. Wir wissen auch, dass auch für uns selbst eine Massage durch einen anderen Menschen genauso entspannend ist. Forschungen haben gezeigt, dass einfaches Streicheln unserer Haustiere unseren Blutdruck senken und uns sogar bei der Erholung von einem Herzinfarkt helfen kann. Es kann gut sein, dass die gegenseitige Fellpflege beiden Kaninchen hilft, zu entspannen und ihre Beziehung zu vertiefen. Natürlich ist es auch einfacher, wenn jemand anders die besonders kniffligen Stellen wie Hinterkopf oder Nacken putzen kann.

Fortpflanzung

Wachsam zu sein bedeutet für ein Kaninchen, dass es wahrscheinlich überleben wird, während es genügend Nahrung aufnimmt. Dann kann es mit den wirklich wichtigen Dingen des Lebens, nämlich der Fortpflanzung, beginnen. Die Fortpflanzung und die Jungenaufzucht ermöglichen es einem Tier, erfolgreich sein genetisches Material, seine Gene, an die nächste Generation weiterzugeben. Kaninchen sind berüchtigt für ihre Fortpflanzungsfähigkeit; tatsächlich »vermehren sie sich wie die Karnickel«.

Die Paarungszeit wird von der Tageslänge bestimmt und beginnt im Februar und endet im August. Die ersten Würfe kommen Anfang März zur Welt. In einer guten Paarungszeit kann eine einzige Häsin sechs Würfe zur Welt bringen, insgesamt 30 Junge pro Jahr. Die Trächtigkeit dauert 30 bis 31 Tage und ein Weibchen ist innerhalb von 12 Stunden nach der Geburt bereits wieder paarungsfähig. Abgesehen vom ersten und letzten Wurf des Jahres ist ein Weibchen daher wahrscheinlich den Frühling und den Sommer über immer mit einem Wurf trächtig und säugt gleichzeitig den anderen.

Aus unterschiedlichen Gründen werden natürlich nicht alle Würfe ausgetragen. Anders als viele Säugetiere, einschließlich der Menschen, fehlgebären Kaninchen tote Föten nicht, sondern resorbieren sie wieder über die Gebärmutter. Dies ist eine Anpassungslösung für das Überlebensproblem des Kaninchens in seinem ursprünglichen Lebensraum. Resorption bedeutet, dass das Weibchen nicht die ganze Energie, die es für die Entwicklung des Fötus' in seinem Körper aufgewendet hat, verschwendet. Indem es den Fötus nicht fehlgebärt, hinterlässt es außerdem keine leichte Beute für Raubtiere.

Der Großteil der Föten überlebt jedoch. Ungefähr vier Wochen nach der Empfängnis kommen sie auf die Welt, blind, taub und haarlos, aber mit der Fähigkeit, zu riechen. Nach weniger als einem Monat sind sie entwöhnt und werden im Rest der Kolonie sich selbst überlassen, während ihre Mutter sich der Aufgabe widmet, den nächsten Wurf aufzuziehen.

Kaninchenbabys wachsen extrem schnell. Mit 18 Tagen haben sie Fell und voll funktionsfähige Ohren und Augen und wiegen fünfmal so viel wie bei der Geburt. Im Alter von vier Monaten sind Kaninchen dann geschlechtsreif, obwohl sie erst mit neun Monaten die volle Erwachsenengröße erreichen. Junge Böcke stoßen deshalb auf Schwierigkeiten, wenn sie mit voll ausgewachsenen Rammlern um den Zugang zu Weibchen konkurrieren. Im Gegensatz dazu haben junge Weibchen, die früh in der Paarungszeit geboren werden, wahrscheinlich noch in derselben Zeit selbst Babys. Unsere ursprüngliche Kaninchenmutter könnte also nicht nur um die 30 Junge pro Jahr geworfen haben, sondern einige von ihnen könnten ihr auch bereits wieder Enkel verschafft haben. Kein Wunder, dass Kaninchen einen derartigen Ruf für ihre Fortpflanzungsfähigkeit haben.

Auf dieser Grundlage könnte man erwarten, das Land wäre knietief mit Kaninchen übersät, was aber eindeutig nicht der Fall ist. Kaninchen in freier Natur haben eine hohe Sterblichkeitsrate. Junge und alte Tiere gleichermaßen können die Speisekarte eines anderen bereichern, und Kaninchenbabys können im Nest ertrinken, wenn das Wetter sehr schlecht ist, oder verhungern, wenn ihre Mutter getötet wird. Kaninchen sind außerdem anfällig für Krankheiten, einschließlich der vom Menschen zur Dezimierung der Bestände eingeführten Seuchen, nämlich Myxomatose und Chinaseuche (VHD oder Viral Haemorrhagic Disease). Männchen haben eine kürzere Lebenserwartung als Weibchen, weil sie sich, wie wir später noch sehen werden, tendenziell öfter von der Hauptgruppe entfernt befinden und daher in höherem Maße Raubtieren ausgeliefert sind. Während Hauskaninchen mehr als zehn Jahre alt werden können, ist in freier Natur ein fünfjähriges Tier eine Seltenheit; dort ist es ungewöhnlich, wenn ein Tier länger als zwei Jahre lebt. Angesichts des Schadens, den sie anrichten können, mag das für die Bauern tröstlich sein.

Fressen

Alle Tiere müssen fressen, um zu überleben, doch einige Menschen und einige unterstimulierte Tiere in Gefangenschaft sowie Haustiere scheinen zu leben, um zu essen. Übergewichtigkeit verringert die Chancen, einem Feind entkommen zu können, oder, falls es sich um ein Raubtier handelt, seine Beute fangen zu können. Fettleibigkeit ist eine »Krankheit« der Gefangenschaft. Man sieht nur ganz selten ein übergewichtiges Wildtier, selbst wenn es ein Kaninchen ist, das in einem Gebiet mit reichlich Nahrung lebt.

Tiere werden in zwei unterschiedlichen Stadien geboren. Die einen sind jene Tierarten, die Nestflüchter erzeugen, das heißt Junge, die bereits gut entwickelt sind und Erwachsene in Miniaturausgabe zu sein scheinen. Hierzu gehören zum Beispiel Pferde, Schafe, Rinder und Meerschweinchen. Die Nachkommen dieser Tierarten können bereits direkt am Tag ihrer Geburt Gras fressen, obwohl sie noch besser dafür geschaffen sind, bei ihren Müttern Milch zu trinken. Die anderen werden als Nesthocker bezeichnet. Zu dieser Kategorie gehören Arten wie auch wir Menschen, deren Kinder von Geburt an sehen, sich aber nicht fortbewegen können. Weitere bekannte Tierarten sind Hund, Katze, Maus und Kaninchen, deren Junge in einem fast fötalen Stadium geboren werden, in dem ihre Augen und Ohren noch nicht voll entwickelt sind. Diese Nesthocker hängen vollständig von Milch als Frühnahrung ab.

Anders als andere Nesthocker verbringen Babykaninchen im Nest sehr wenig Zeit mit der Nahrungsaufnahme, da sie jeden Tag nur wenige Minuten lang Zugang zu den Zitzen ihrer Mutter haben. Das ändert sich, sobald sie rund 24 Tage nach der Geburt entwöhnt sind.

Junge und erwachsene Kaninchen verbringen einen großen Teil ihrer wachen Zeit mit Fressen. Das ist bei allen grasenden Tieren üblich, obwohl sie auf unterschiedliche Art und Weise ihren Nutzen aus dem Gras ziehen. Einige, etwa die Pferde, überlassen den Bakterien in ihrem Magen einen großen Teil der Arbeit, wobei sie ständig für Nachschub für die Verdauung sorgen. Kühe und Schafe sind Wiederkäuer, die das Futter im Vormagen wiederkäuen und gleichzeitig weiterfressen. Es ist wichtig, daran zu denken, dass das Kaninchen sich für ein Leben in einem Gebiet entwickelte, wo nur spärlich Grünfutter vorhanden war, das aus minderwertigem Gestrüpp und Gras bestand, so dass es das Koprophagie-System entwickelte, was später noch detaillierter beschrieben wird. Unter diesen Bedingungen muss ein Tier viel Zeit mit Grasen verbringen, um ausreichend Nährstoffe und Kalorien aufzunehmen.

Ein Kaninchen hält sich von 24 Stunden etwa 12 Stunden an der Oberfläche auf. Den Großteil dieser Zeit verbringt es mit Fressen (und dem Erspähen von Raubtieren, während es an seinem Bissen kaut). Es werden drei Arten von Fressverhalten beschrieben. Das »entspannte« Fressen findet gewöhnlich in der Nähe des Eingangs zum Kaninchenbau statt und besteht aus müßigem Knabbern, ein bisschen so wie ich, die gerade beim Schreiben in die Keksschale greift. Im Gegensatz dazu steht das »gierige« Fressen, wenn das Kaninchen aufmerksam grast, einem geraden Futterpfad folgt und ganz und gar nicht wählerisch alles frisst, was sich auf seinem Weg befindet – was ein wenig ans Plündern eines Kühlschranks erinnert. Diese gierige Nahrungsaufnahme ist oft bei rauerem Wetter zu beobachten, wenn das Kaninchen so schnell wie möglich seinen Magen füllen will, um sich vor Wind und Regen wieder in seinen Bau flüchten zu können. Schließlich gibt es noch das als »normal« bekannte Fressverhalten, bei dem das Kaninchen

sich langsam in einem Zickzackmuster fortbewegt und sich dabei schmackhafte Pflanzenarten und zarte junge Blättchen zum Knabbern heraussucht.

Geruchsmarkierung

Wie später noch beschrieben, benutzen die Kaninchen ihren Kot als Mittel
zur Kommunikation mit anderen Mitgliedern ihrer Gruppe und mit Außen-
stehenden. Sie tun dies, indem sie die Kotbällchen mit einem Sekret aus
ihren Analdrüsen überziehen.

Kaninchen haben außerdem Drüsen unter ihrem Kinn, die eine klare
Substanz ausströmen, die von anderen Kaninchen leicht wahrgenommen
werden kann, von uns Menschen jedoch nicht, die wir ja wirklich einen
dürftigen Geruchssinn im Vergleich zu den meisten anderen Tieren haben.
Kaninchen beider Geschlechter besitzen diese Kinndrüsen und werden damit auffallende Objekte in ihrer Umgebung markieren, darunter auch sich
selbst. Sie reiben sanft ihr Kinn an dem Objekt und hinterlassen dabei win-
zige Sekretmengen. Kaninchenmännchen sind besonders eifrige Kinnrei-
ber, und das Fell an ihrem Kinn wird oft von Schmutz und Sekret verfilzt,
wenn sie ihr Revier markieren.

Graben

Die »Gräber unterirdischer Gänge« tragen ihren Namen zu Recht. Bei einem Spaziergang oder Ausritt auf dem Lande haben Sie womöglich schon
einmal einen plötzlichen Gleichgewichtsverlust verspürt, als ein Huf Ihres
Pferdes in einem Kaninchenloch verschwand. Für Alice war das Erlebnis
weitaus dramatischer, da sie vollständig in einem Kaninchenloch verschwand
und so ins Wunderland gelangte. Gelenkverstauchungen und Beinbrüche
sind keine unbekannten Folgen der Grabungsaktivitäten von Kaninchen.

Kaninchen graben, indem sie den Boden mit ihren Vorderpfoten aufbud-
deln, um die Erde zu lockern. Dann benutzen sie ihre kräftigen Hinterbeine, um die Erde wegzutreten. Der Hauptgrund, warum Kaninchen graben,
ist, sich eine Heimstätte zu schaffen. Ihre Baue bestehen aus einem kompli-
zierten Netzwerk von Tunneln und Höhlen. Die Größe des Kaninchenbaus
hängt von der Art des Untergrunds ab. Weiche, instabile Substanzen wie
Sanddünen werden keinen so ausgedehnten unterirdischen Komplex erlauben wie ein stärkerer Untergrund aus kalksteinhaltigem Boden.

Viele Baue sind durch ein Labyrinth kurviger Untergrundpassagen miteinander verbunden. Diese sind mit nur etwa 15 cm Durchmesser sehr eng, so dass die Kaninchen sich nur an Ausbuchtungen überholen können, wo der Gang sich auf etwa 40 cm verbreitert. Es ist nicht bekannt, ob Kaninchen wie Autofahrer auf Landstraßen manchmal darüber streiten, wer einlenkt, um den anderen vorbeizulassen. Die sich windenden Gänge und scharfen Kurven im Höhlensystem helfen den Kaninchen, Wiesel oder Hunde zu verwirren, die klein genug sind, um hineinzugelangen, und geben den Kaninchen die Chance, durch einen der vielen Ausgänge zu entkommen. Ein Kaninchenbau, der 100 Quadratmeter umfasst, kann bis 50 Ausgänge haben.

Kaninchen sind perfekte Ingenieure. Sie konstruieren zwei Arten von Ausgängen. Die einen, Eingangs- oder Ausgangslöcher für den normalen Gebrauch, sind die, mit denen Sie am wahrscheinlichsten vertraut sind, besonders, wenn Ihr eigenes Kaninchen die Möglichkeit hat, ein bisschen Bautätigkeit in Ihrem Garten auszuüben. Sie werden überirdisch gegraben, führen tendenziell recht sanft nach unten und zeichnen sich durch Erdhügel in der Nähe aus, auf denen Büschel mit Kreuzkraut stehen können, Pflanzen, die gut auf aufgewühlter Erde wachsen, da sie diese benötigen, damit ihre Samen keimen können.

Die zweite Art sind Fluchtlöcher, die im Notfall zum Einsatz kommen, wenn das Kaninchen entweder über- oder unterirdisch vor einem Raubtier flieht. Da die Fluchtlöcher unterirdisch gegraben werden, existieren weder verdächtige Erdhügel in der Nähe noch blanker Boden rund um den Eingang. Tatsächlich sind sie oft unter Büschen verborgen. Man kann nur vermuten, dass die Kaninchen über einen guten mentalen Lageplan verfügen und berechnen können, wo sie anfangen müssen, nach oben zu graben, um ihre Fluchtlöcher schlau versteckt zu halten. Die Löcher werden vertikal von unten her gegraben, oft aus einer Tiefe von einem halben Meter oder mehr. Der Vorteil eines vertikalen Gangs liegt darin, dass das Kaninchens vertikal nach oben springen oder sich leicht nach unten in die Höhle fallen lassen kann und es damit für ein es verfolgendes Wiesel keine ganz so leichte Beute darstellt.

Einige Gänge sind Sackgassen, die nirgendwo hinführen, aber in einem erweiterten »Raum« namens Wohnkessel enden. Hier ruhen die Kaninchen, pflegen sich und verbringen die Zeit mit der Wiederverdauung ihrer weichen Kotbällchen.

Einige Sackgassen, die Wurfhöhlen, haben exklusive Zugangsbeschränkungen und werden von Weibchen als Ort benutzt, um ein Nest zu bauen und ihre Jungen zur Welt zu bringen. Für jeden Wurf graben sie eine neue Wurfhöhle. Gewöhnlich haben nur die dominanten Weibchen ihre Wurfhöhlen in dem relativ sicheren Bereich des Höhlensystems selbst, obwohl diese Weibchen in Bereichen, die von Wieseln eher angegriffen werden, ihre Wurfhöhlen oft von der Haupthöhle entfernt bauen. Weibchen, die in der Kaninchenkolonie einen niedrigeren Rang einnehmen, graben ihre Wurfhöhlen gewöhnlich in einiger Entfernung. Diese äußeren Wurfhöhlen sind recht flach, befinden sich manchmal nur 15 cm unter der Erde und sind nur zwei Meter lang. Wurfhöhlen haben nur ein einziges Eingangs-/Ausgangsloch, vielleicht um dafür zu sorgen, dass die Babys nicht versehentlich verloren gehen, eine Vorsichtsmaßnahme, die von dem abschüssigen Gang unterstützt wird, der sehr junge Kaninchen eher dazu veranlasst, in der Nähe des Nestes zu bleiben oder es zumindest ohne größere Schwierigkeiten wieder zu finden.

Kaninchen graben außerdem flache, hufförmige Mulden in die Erde. Ihr Zweck könnte sein, trockene Erde entstehen zu lassen, um sich darin zu wälzen, eine saftige junge Pflanze freizulegen oder, im Winter, etwas Essbares hervorzuholen. Der üblichste Grund für solche Mulden ist jedoch der, dass die Kaninchen, insbesondere die Rammler, sich einen Ort anlegen, an dem sie kleine Kothügel als Zeichen ihrer Besetzung dieses Gebietes hinterlassen. Die durch das Graben freigeschaufelte Erde steht im Kontrast zu dem grünen Rasen rundherum und wirkt fast wie die großen Werbeplakate an Landstraßen, wie man sie in Spanien oder im ländlichen Amerika sieht.

Jungenaufzucht

Bei den Säugetieren gibt es vier unterschiedliche Arten der Jungenaufzucht. Diejenige, deren Junge Nestflüchter und gut entwickelt sind, etwa Pferde und Schafe, zeigen das »Folgesystem«. Schon wenige Stunden nach der Geburt sind die Jungen in der Lage, ihrer Mutter durch ihr Revier zu folgen und nahe bei ihr zu bleiben, um Schutz, Wärme und Nahrung zu erhalten.

Andere Nestflüchter, etwa der entfernte Verwandte des Kaninchens, der Hase, haben ein System namens »Ablegen«. In diesem Fall liegen die Jungen still versteckt im hohen Gras oder Farnkraut und kehren einmal am Tag zu ihrem Geburtsort zurück, um dort zur Fütterung mit ihrer Mutter zusammenzutreffen.

Der überwiegende Teil der Nesthocker verwendet ein »Schutzsystem« zur Jungenaufzucht. In diesem System sind die Mütter, und in einigen Fällen auch die Väter, die Hauptversorger. Sie bauen ein Nest und verbringen die meiste Zeit zusammengekuschelt mit ihrem hilflosen Nachwuchs. Eine Rattenmutter zum Beispiel wird mehr als 90 Prozent ihrer Zeit bei ihren neugeborenen Babys verbringen. Die Eltern säubern, füttern, schützen und wärmen die Babys, bis sie alt genug sind, um dies selbst zu tun.

Nur sehr wenige Nesthocker zeigen ein Aufzuchtsystem, das von Abwesenheit bestimmt ist. Es ist dadurch gekennzeichnet, dass die Jungen in einem anderen Nest als dem der Eltern untergebracht werden. Sie werden nicht gewärmt oder direkt von einem Elternteil geschützt und zwischen den Säugezeiten vergehen lange Intervalle. Außerdem findet kein oder fast kein Elternverhalten wie das Tragen oder Säubern der Jungen statt. Von allen bisher erfassten Tieren zeigen nur das Belanger-Spitzhörnchen, *Tupaia belangeri* (ein primitiver Primat), das Pika oder Felsenkaninchen, *Ochotona princeps* (ein entfernter Verwandter des Kaninchens), die Mitglieder der Gattung Sylvilagus (das Baumwollschwanzkaninchen Nordamerikas) und das in diesem Buch behandelte Europäische Wildkaninchen diese Form der Jungenaufzucht. Und von dieser auserlesenen Gruppe hat nur das Europäische Wildkaninchen wirkliche Nesthocker als Junge. Zwar werden die Jungen der Gattungen Belanger-Spitzhörnchen, Pika und Sylvilagus ebenfalls blind geboren, verfügen aber über Thermoregulierung, d. h. sie können außerhalb des Nestes ihre Körpertemperatur zumindest über kurze Zeit aufrechterhalten. Sie nennt man daher auch Semi-Nesthocker. Auch menschliche Babys werden als Semi-Nesthocker bezeichnet, da sie zu Thermoregulierung, Sehen und Hören in der Lage sind, doch genau wie bei Hunden, Katzen und Ratten wird beim Menschen das Schutzsystem angewandt.

Daher kann man sagen, dass das Europäische Wildkaninchen, Vorfahr all unserer Hauskaninchen, fast einzigartig im Hinblick auf die Art ist, wie es seine Jungen aufzieht. Im Folgenden werde ich dieses System beschreiben und dann darüber spekulieren, wie es dazu gekommen sein könnte, dass das Kaninchen in diesem Aspekt seiner Lebensstrategie so eigentümlich ist.

Studien über das Elternverhalten von Wildkaninchen haben sich immer auf das Aufzuchtverhalten von Weibchen konzentriert, die ihre Jungen in Nisthöhlen entfernt vom Hauptbau aufziehen. Tendenziell kam in diesen Studien zutage, dass Kaninchenweibchen das Nest einmal in 24 Stunden aufsuchen, um ihre Jungen zu säugen. Diese Besuche dauern etwa drei Minuten und bestehen lediglich aus Säugeperioden. Meine eigene Arbeit über das Elternverhalten des Hauskaninchens legt jedoch nahe, dass dieses

Bild womöglich nicht ganz so simpel ist. Natürlich könnte es sein, dass das Mutterverhalten der Kaninchen, die ich untersucht habe, sich durch die Domestizierung verändert hat, obwohl dies eher unwahrscheinlich ist, da die Unterschiede nur geringfügig waren und nur unwahrscheinlich durch die Domestizierung hervorgerufen sein konnten. Die Begründung dieser Aussage lautet, dass Menschen Tiere nur durch künstliche Selektion verändern und nur mit dem genetisch verfügbaren Material arbeiten können. Obwohl Mutationen auftreten können, haben diese tendenziell eher eingeschränkte Auswirkungen. Meine Studien lassen den Schluss zu, dass Kaninchen ein gewisses Maß an Elternverhalten zeigen, das dem Schutzsystem anderer Tierarten ähnelt. Der Grund hierfür ist ein Thema, auf das ich in Kürze eingehen werde. Eine alternative und wahrscheinlichere Erklärung dafür, warum dies nicht schon früher festgestellt wurde, lautet, dass ein Weibchen, das in der Sicherheit des Kaninchenbaus Junge zur Welt bringt, sich anders verhalten könnte als eines, dessen Junge an ungeschützteren externen Nistplätzen geboren werden.

In meinen Studien über Kaninchen während der Trächtigkeit und des Säugens habe ich das Verhalten von Weibchen erfasst, die entweder alleine oder mit ihrem Partner in großen Gehegen im Hause lebten. Die verpaarten Weibchen waren in einer ähnlichen Situation wie eine dominante Häsin, die ihre Jungen innerhalb des Höhlenkomplexes auf die Welt bringt, d. h. deren Nisthöhle sich in der Nähe anderer Mitglieder der Kolonie befindet. In vielen Fällen, etwa auf der Insel *Lindisfarne* an der Nordostküste Englands, kann das einzige andere Mitglied der Kolonie ihr Partner sein. Die hier gegebene Beschreibung von Elternverhalten ist eine Zusammenfassung meiner Arbeit und der anderer Forscher in den vergangenen 40 Jahren.

Wenn ein Kaninchenjunges geboren wird, leckt seine Mutter es sauber und frisst Nabelschnur und Plazenta. Dann säugt sie ihre Jungen zum ersten Mal. Die ersten Säugeperioden können fünf Minuten dauern. Dies liegt wahrscheinlich daran, dass die Jungen sowohl beim Festsaugen an einer Zitze als auch bei der Stimulation des Milchflusses ihrer Mutter noch nicht richtig erfolgreich sind. Wenn sie sich verbessern, verkürzen sich die Säugeperioden auf zwei bis drei Minuten Länge.

Im Durchschnitt säugen die Weibchen ihre Jungen 1,3-mal pro Tag, obwohl ein Weibchen, das ich beobachtete, ihre Babys an einem einzigen Tag sieben Mal säugte. Der normale Zeitraum zwischen den Säugezeiten beträgt 23 bis 25 Stunden, was bedeutet, dass der tägliche Zyklus der Jungen, die sich alle 22 Stunden zur Nestoberfläche bewegen, garantiert, dass sie auf die Ankunft ihrer Mutter vorbereitet sind. Manchmal jedoch müssen sie lange warten, denn Zeiträume von 27 Stunden zwischen den einzelnen Säugeperioden sind nichts Ungewöhnliches; in einigen Fällen besuchten die Weibchen in meiner Studie ihre Jungen zum Säugen 36 Stunden oder länger nicht – ohne den Jungen damit Schaden zuzufügen. Das Säugen findet tendenziell zwischen 20 und 6 Uhr statt, das heißt während der normalen aktiven Zeit der erwachsenen Tiere.

Am Ende einer Säugeperiode lässt die Mutter ihren Kopf fallen und krümmt ihren Rücken, vermutlich, um die Jungen von ihren Zitzen zu trennen. Dann verlässt sie den Bau und verstopft den Eingang sorgfältig mit Erde, um unwillkommene Besucher fernzuhalten. Etwa 18 Tage nach der Geburt hört sie auf, den Höhleneingang so sorgfältig zu verstopfen und erlaubt damit den Jungen, heraufzukommen und anzufangen, die Außenwelt zu erkunden. Nach 25 Tagen kehrt sie nicht mehr zurück, und die Jungen sind auf sich gestellt.

Den meisten Büchern über Kaninchen zufolge ist dies das ganze Ausmaß des Mutterverhaltens, und die Männchen werden traditionell für gleichgültig oder gar aggressiv gegenüber den Jungen im Nest gehalten. Dies scheint allerdings ein ziemlicher Mythos zu sein, obwohl man fairerweise zugeben muss, dass Kaninchen nun einmal nicht die beflissensten Eltern sind. Sie zeigen aber sehr wohl einige elterliche Verhaltensweisen, die über die bereits beschriebenen hinausgehen.

Sowohl Männchen als auch Weibchen verbringen einen gewissen Anteil ihrer Zeit mit den Jungen im Nest. Im Vergleich zu anderen Nesthockern, etwa Maus und Wüstenrennmaus, bei denen beide Elternteile Anteil an der Aufzucht ihres Nachwuchses haben, ist diese Zeit jedoch minimal. Während Mäuse- und Wüstenrennmäuse-Väter zum Beispiel zwischen 50 und 80 Prozent ihrer Zeit im Nest verbringen, liegt der Anteil bei Kaninchenvätern bei nur einem Prozent. Unter Ausschluss der Zeit, die mit dem Säugen verbracht wird, verbringen Kaninchenmütter ebenfalls nur etwa 1 Prozent ihres Tages bei ihren Jungen. Diese Zeit wird damit verbracht, das Nistmaterial neu herzurichten oder neues hinzuzufügen (wozu beim Weibchen das Ausrupfen von Fell gehört), Wache zu halten und die Umgebung mit Duft zu markieren. Häsinnen lecken auch ihre Jungen ab, und meine eigenen Beobachtungen haben gezeigt, dass auch Männchen ihre Jungen im Nest beschnuppern und ablecken, und beide bedecken sie mit Nistmaterial.

Die Wachsamkeit und die Geruchsmarkierung der Umgebung der Jungen können als Schutzverhalten eingeordnet werden. Dies ist eigentlich nicht von einem Tier zu erwarten, dessen Hauptverteidigungsart darin besteht, wegzurennen, und das anscheinend nicht aktiv seine Jungen verteidigt. Womöglich machen die Lage des Nestes und die kurze Zeit, die in seiner Nähe verbracht wird, eine aktive Verteidigung häufig nicht erforderlich und wurden deshalb noch nicht beobachtet. Hauskaninchenweibchen können jedenfalls recht aggressiv werden, wenn man versucht, sich an ihrem Nest zu schaffen zu machen.

Das wenngleich beschränkte Maß an Zuwendung, das den Jungen direkt zuteil wird, indem sie abgeleckt und mit Nistmaterial bedeckt werden, war schon Thema einiger Spekulationen über die Ursprünge des Abwesenheitsverhaltens bei der Jungenaufzucht. Kurz gesagt lautet ein Argument, Abwesenheitsverhalten sei eine evolutionsmäßig frühe Form der Jungenaufzucht; das andere legt nahe, die Vorfahren des Kaninchens hätten ursprünglich das Schutzsystem angewandt, hätten es jedoch als Reaktion auf die große Gefahr für die Jungen durch Raubtiere und andere Weibchen dramatisch verändert. Es ist eine ziemlich akademische Frage. Während ich persönlich sie interessant finde (sie war schließlich ein Aspekt meiner Doktorarbeit), kann sie jedoch nur spekulativ sein, bis ein Wissenschaftler Dr. Whos Zeitmaschine Tardis Realität werden lässt und wir zurückreisen und das Verhalten der Vorfahren des Kaninchens untersuchen können.

Kaninchenjunge

Es gibt kaum etwas Liebenswerteres als ein kleines Kaninchenjunges, das gerade das Nest verlassen hat: ein winziger, flauschiger, abgerundeter Körper und Kopf, gekrönt von fein geformten Ohren, und große neugierige Augen.

Weit von Niedlichkeit entfernt sind neugeborene Kaninchen ziemlich hässlich. Sie haben rosafarbene, nackte, längliche Körper mit winzigen, fast unbrauchbaren Beinen und riesigen Köpfen. Die Augen sind unterentwickelt und öffnen sich erst um die zehn Tage nach der Geburt. Die Ohren sind klein, liegen flach am Kopf an und sind erst nach sieben Tagen funktionsfähig. Andererseits sind Babykaninchen jedoch empfindlich für Berührung und Temperatur und ihre Nase ist direkt von Geburt an äußerst leistungsfähig.

Wie wir noch ausführlicher im Abschnitt »Jungenaufzucht« sehen werden, verbringen Kaninchenmütter nur sehr wenig Zeit mit ihren Babys und interagieren kaum mit ihnen, anders als andere Tierarten, deren Junge ebenfalls Nesthocker oder unterentwickelt sind. Das bedeutet, dass nistende Kaninchenjunge Methoden haben müssen, um warm, sauber und sicher zu bleiben und dafür zu sorgen, dass sie sich an der richtigen Stelle befinden, wenn ihre Mutter zum Säugen kommt. Physiologie und Verhalten von Kaninchenjungen sind hoch entwickelt, um mit diesem allumfassenden Mangel an liebevoller Zuwendung zurechtzukommen.

Die Jungen können zwischen dem Geruch ihrer Mutter und dem anderer Kaninchen oder anderer Tierarten unterscheiden. Sie erkennen ihre Mutter an dem Geruch, den sie mit einigen Kotbällchen am Eingang der Wurfhöhle anbringt. Dieser Geruch eines Analdrüsensekrets wird auch im Nest selbst angebracht, wenn die Häsin einige Kotbällchen im Lager hinterlässt. Die Jungen werden zum Geruch ihrer Mutter hingezogen und werden so davon abgehalten, zu weit den Nestgang hinaufzuwandern und möglicherweise durch eine andere Häsin oder ein Raubtier in Gefahr zu geraten. Die Jungen setzen ihre Nasen auch ein, um beim Säugen eine Zitze zu finden. Zuerst orten die Babys das Fell ihrer Mutter, die zum Säugen über ihnen steht, dann folgen sie einem Geruch, der von ihrem Bauch zu ihren Zitzen hinabsteigt. Das bedeutet, dass der Geruch, der nur über eine kurze Distanz spürbar zu sein scheint, in der Nähe einer Zitze stärker wird. Entweder die hohe Geruchskonzentration an der Zitze oder vielleicht auch ein zweiter Geruch bewirken, dass das Junge sein Suchverhalten einstellt, die Zitze ergreift und mit dem Saugen beginnt.

Die winzigen, blinden und tauben Geschöpfe können in den ersten Tagen 12 Sekunden brauchen, bis sie eine Zitze gefunden haben, und das Milchtrinken wird häufig unterbrochen, wenn das Junge den Halt verliert. An seinem fünften Lebenstag jedoch ist das Junge, obwohl es noch blind und taub ist, Experte und in der Lage, in nur drei Sekunden eine Zitze zu finden und loszutrinken!

Das Verhalten von Kaninchenjungen in den ersten Wochen hat einen recht geregelten Ablauf und richtet sich nach den Säugezeiten. Nach dieser Phase sind die Jungen mobiler und forscher und fangen an, einige Zeit außerhalb des Nestes zu verbringen. In diesem Alter werden sie dann auch an die Oberfläche klettern und die Welt in unmittelbarer Nähe ihres Höhleneingangs erkunden. Doch sie bewegen sich nicht allzu weit vom Geruch der Kotbällchen ihrer Mutter weg, so dass sie für ihre tägliche Milchmahlzeit rechtzeitig zu ihrer Mutter zurückkehren können.

Sofort nach der Geburt sind Kaninchenjunge sehr aktiv und laut, und die Mutter erlaubt ihnen, kurz Milch zu saugen, bevor sie sie allein lässt. Nach ihrem Weggang vergraben sich die Kaninchen schnell unter dem Nistmaterial. Danach folgt ihr Verhalten einem gleichmäßigen Muster, das auf einem 22-Stunden-Rhythmus beruht. Kaninchenjunge werden von ihrer Mutter ungefähr einmal in 24 Stunden gefüttert, so dass der 22-Stunden-Aktivitätsrhythmus der Jungen garantiert, dass sie für den Besuch ihrer Mutter bereit sind, selbst wenn diese vielleicht eine Stunde zu früh erscheint.

Innerhalb von 15 Minuten nach dem Säugen vergraben sich alle Jungen wieder im Nest. Dort drängen sie sich eng im warmen Mittelpunkt zusammen. Dieses Aneinanderschmiegen der Jungen bewirkt, dass die Wärme aller Körper jedes Tier warm und behaglich hält. Neugeborene Kaninchen sind unfähig, sich selbst warm zu halten, können jedoch Temperaturunterschiede von nur 0,2 °C erkennen. Dies hat zwei Auswirkungen. Zum einen werden die Jungen sich die Geschwister aussuchen, an die sie sich schmiegen, und sich von den kalten Körpern der Wurfgeschwister fortbewegen, die gestorben sind. Zum anderen findet eine fortdauernde, langsame, kreisförmige Bewegung der Gruppe im Nest statt, da diejenigen ganz oben auf dem Haufen langsam auskühlen und sich an ihren Geschwistern vorbei nach unten graben, um an die wärmeren Stellen weiter unten zu gelangen.

Nach etwa 22 Stunden wird die ganze Gruppe aktiver und arbeitet sich langsam an die Oberfläche des Nestes vor. Hier wälzen sie sich sanft umher und heben häufig ihre überproportional großen Köpfe an, um die Luft zu wittern. Sie setzen ihren Geruchssinn ein, um die Ankunft ihrer Mutter zu erkennen, die mit einem Ausbruch von Betriebsamkeit begrüßt wird. Die Jungen schubsen und stoßen sich gegenseitig, um an eine Zitze zu gelangen, und bewegen rasch ihre Köpfe beim Verfolgen der Duftspur, die ihnen hilft, die gewünschte Nahrungsquelle zu lokalisieren und sich daran zu heften. Sobald sie sich an die Zitze gehängt haben, stützen sie sich mit ihren winzigen Hinterbeinen ab, um ihre langen Körper besser tragen zu können. Dann fangen sie an, mit ihren Vorderbeinen den Bauch ihrer Mutter zu bearbeiten, um sie zur Milchabgabe zu stimulieren.

Der Milchfluss erfolgt erst am Ende der Säugezeit, wenn die Mutter ausreichend von mehreren Paaren kleiner Beine stimuliert worden ist, die auf ihren Körper eingetrommelt haben. Ihre Babys jedoch haben nicht genügend Geduld, um an der ersten gefundenen Zitze so lange zu bleiben, bis der Milchstrahl kommt. Stattdessen ändert jedes der Jungen vier- oder fünfmal seine Position, etwa alle 30 Sekunden, und drängt die anderen aus dem Weg, während es sich an eine andere Zitze hängt. Der Zweck liegt vielleicht darin, dafür zu sorgen, dass die Häsin an der ganzen Zitzenreihe stimuliert wird und ihre Milch auch wirklich abgibt.

Nachdem sie ihre Milch herausgespitzt hat, verlässt die Mutter abrupt wieder das Nest und kehrt über den Höhlengang zum Ausgang zurück. Gelegentlich wird ein Junges vielleicht in der Hoffnung auf mehr Milch eine Zitze nicht losgelassen haben und wird den halben Weg nach oben mitgeschleift. Die Biegung nach unten zum Höhlenboden und die olfaktorischen Zeichen des Nestes selbst helfen dem Jungen jedoch bald, den Weg zurück zu seinen Geschwistern zu finden.

Sofort nach dem Säugen urinieren alle Jungen an der Oberfläche des Nestes, bevor sie sich wieder nach unten ins trockene, warme Zentrum graben. Diese Fähigkeit von Kaninchenbabys, selbst urinieren zu können, ist bei Nesthockern nicht üblich und wurde als Strategie gegen Raubtiere entwickelt, weil die Mutter sich nur minimal um die Jungen kümmert. Andere Tierarten wie Katzen, Ratten und Hunde lecken ihre Jungen alle in dem betreffenden Bereich ab, um sie zum Urinieren und zur Darmentleerung zu stimulieren. Die Tatsache, dass Kaninchen das alles selbst regeln können, ist erinnernswert, falls Sie jemals ein Kaninchenjunges mit der Hand aufziehen sollten. Sobald es gefüttert worden ist, setzen Sie es entweder auf den Boden oder halten Sie es mit dem Gesicht von Ihnen weg, oder machen Sie sich darauf gefasst, nass zu werden. Urinieren direkt nach dem Säugen bedeutet, dass ein Kaninchen nicht das warme Nest verlassen muss, um sich zu erleichtern, und das Geschäfteverrichten an der Oberfläche des Nestes garantiert, dass der Nestboden, auf dem sie sich aneinander kuscheln, nicht feucht wird. Ziemlich clever, das Ganze.

Während der ersten elf Tage verbringen die Jungen immer weniger Zeit versteckt unter dem Nistmaterial. Das liegt teilweise an ihrer zunehmenden Größe und am Fellwuchs in diesem Zeitraum, durch den sie weniger auf das wärmende Nistmaterial angewiesen sind. Mit etwa acht Tagen fangen sie an, das Nistmaterial anzunagen, und mit 12 Tagen haben sie sich dann fast vollständig ihren Weg hindurchgefressen. Außerdem beginnen sie die Kotbällchen zu fressen, die von ihrer Mutter im Nest zurückgelassen wurden. Auf diese Weise könnten sie Bakterien aufnehmen, auch als Darmflora bekannt, die sie brauchen werden, um pflanzliche Nahrung zu verdauen, die sie nach der Entwöhnung fressen werden. Der Geschmack der Kotbällchen und der Milch, die sie von ihrer Mutter erhalten, versorgt die Babys außerdem mit Informationen über die Pflanzen, die sie später im Leben fressen sollten.

Im Alter von 18 Tagen erkunden die Jungen die Außenwelt und stürmen jedes Mal in die sichere Nisthöhle zurück, wenn sie von etwas erschreckt werden. Mit ungefähr 24 Tagen werden sie von ihrer Mutter verlassen, die einfach nicht mehr zurückkehrt, um sie zu säugen, und es ihnen überlässt, für sich selbst zu sorgen und aktiv am Leben im Bau teilzunehmen. Nach weiteren drei Monaten erreichen sie die Geschlechtsreife, und im Alter von neun Monaten sind sie ausgewachsen. In dieser Zeit haben sie sich von nackten, hässlichen, bei der Geburt 50 g leichten Geschöpfen zu leichtfüßigen Kaninchen mit großen Ohren entwickelt, die 1,5 kg wiegen und vielleicht schon selbst wieder Junge haben.

Kindestötung

Die Kindestötung zeigt eine dunklere Seite des Kaninchencharakters. Unter natürlichen Bedingungen scheint dies ein Verhalten von Weibchen zu sein. Die Kindestötung tritt aus dreierlei Gründen auf. Der erste kann als zufällige Kindestötung betrachtet werden und geschieht, wenn ein Kaninchenweibchen während der Säuberung ihrer neugeborenen Jungen, bei der sie Nabelschnur und Plazenta frisst, ein wenig übereifrig wird. Das kann zur Folge haben, dass ein Baby nur ein Stück Ohr verliert, kann aber auch bedeuten, dass das Baby stirbt, wenn die Mutter zusammen mit der Nabelschnur unabsichtlich ein lebenswichtiges Organ beseitigt. Bei Wildkaninchen kommt dies wohl nur selten vor, während es bei unerfahrenen Haustieren recht häufig der Fall ist.

Die Kindestötung ist außerdem häufig bei Kaninchen, die in großen Gruppen leben. Unter derart stressreichen Umständen oder wenn das Nest gestört wird, kann das Weibchen sich durchaus anscheinend mit voller Absicht dazu entschließen, ihre Jungen zu töten und zu vertilgen. Wir mögen das erschreckend finden, doch wir sollten auch daran denken, dass es aus der Sicht des Kaninchens effizienter ist, all die Proteine selbst zu verwerten, statt sie einfach einem Raubtier zu überlassen.

Die dritte Variante der Kindestötung passiert durch Weibchen, die nicht Mutter der Jungen sind. Kaninchenweibchen sind nicht sehr tolerant gegenüber den Jungen anderer Weibchen, selbst gegenüber denen derselben Kolonie, die immerhin wahrscheinlich ihre engen Verwandten sind. Eine Häsin, die auf ein Nest mit Jungen stößt, die nicht ihre eigenen sind, wird ohne zu zögern die Nestbewohner töten. Wiederum mag das ziemlich brutal erscheinen, aber in einem größeren Zusammenhang macht es durchaus Sinn. Die Verkleinerung der Population anderer Jungtiere bedeutet, dass der Überlebenskampf ihrer eigenen Jungen weniger hart sein wird und sie mit größerer Wahrscheinlichkeit erwachsen und sich dann erfolgreich fortpflanzen werden. Selbst, wenn sie schon entwöhnt sind und am Leben der Kolonie teilnehmen, sind Jungkaninchen nicht davor gefeit, von Weibchen, die nicht ihre eigene Mutter sind, getötet zu werden.

Kommunikation

Wie wir gesehen haben, verbringen Kaninchen den Großteil ihres Lebens in Dunkelheit und setzen daher kaum visuelle Signale als Hauptverständigungskanal untereinander ein. Das Hauptverständigungsmittel, mit dem Kaninchen sich gegenseitig über ihren Aufenthaltsort, ihren sexuellen Status und ihre Gesundheit informieren, ist der Geruchssinn. Vielleicht denken Sie, dass auch stimmliche Äußerungen in der halben oder vollständigen Dunkelheit der Kaninchenwelt ein nützliches Mittel wären. Tatsächlich sind Kaninchen aber fast lautlos, eine Vorsichtsmaßnahme, um nicht die Aufmerksamkeit von Raubtieren auf sich zu ziehen. Die Kommunikation durch Laute würde einem Raubtier die Gelegenheit geben, den Aufenthaltsort eines einzelnen Kaninchens zum Vorteil des Raubtiers und zum Nachteil des Kaninchens herauszufinden.

Das stimmliche Repertoire des Kaninchens ist daher sehr begrenzt, wenn wir es mit anderen Tierarten vergleichen, mit denen wir unser Leben verbringen, etwa Katzen oder Hunde. Lautäußerungen bedeuten tendenziell Freude, Schmerz oder Aggression, die auf Ärger oder Angst beruhen kann.

Wie Katzen machen auch Kaninchen, wenn sie zufrieden sind, ein Schnurrgeräusch, das durch leises Mahlen mit den Zähnen zustande kommt. Sie erzeugen außerdem ein leises klickendes Geräusch, das Sie vielleicht schon einmal bemerkt haben, wenn Ihr Kaninchen einen besonders schmackhaften Bissen vertilgt hat.

Ein Kaninchen, das in Ruhe gelassen werden will, macht seine Meinung recht deutlich, indem es laut mit den Zähnen knarrt oder eine Reihe von

Knurr- und Grunzlauten ausstößt. Falls das Gegenüber sich dadurch nicht abschrecken lässt, wird das Kaninchen fauchen. Lautes Zähneknirschen kann aber auch ein Zeichen für Schmerzen sein. Doch das eindringlichste und unheimlichste Geräusch, das ein Kaninchen hervorbringt, ist ein Schrei, der dem Schrei eines menschlichen Babys mit großen Schmerzen außergewöhnlich ähnlich ist. Kaninchen schreien nur in Extremsituationen, wenn sie äußerst verängstigt sind, etwa wenn sie von einem Raubtier angegriffen werden. Zweifellos dient dies als verzweifelter Versuch, das Raubtier abzuschrecken, und als Warnung für andere Kaninchen, die sich in der Nähe befinden.

Babykaninchen, die sich noch im Nest befinden, verwenden ebenfalls Laute, um Raubtiere abzuschrecken. Falls er aufgestört wird, wird ein Wurf aus Jungtieren, auch wenn diese noch blind und taub sind, laute Geräusche von sich geben und in einer synchronisierten Schreckreaktion »hoch«-springen. Das mag ein größeres oder erfahreneres Raubtier zwar nur unwahrscheinlich abhalten, aber es könnte durchaus ausreichen, um den Angriff eines kleinen oder jüngeren Tieres, etwa eines Fuchswelpen, abzuwehren.

Kotabsatz

Die Hauptfunktion des Kotabsatzes oder des Stuhlgangs besteht darin, den Körper von Abfallprodukten zu befreien. Doch der Ort und die Art und Weise der Deponierung können auch als Form von Kommunikation genutzt werden.

Der meiste Kaninchenkot wird zufällig verteilt, wenn das Kaninchen sich umherbewegt, frisst oder mit anderen Mitgliedern der Kolonie interagiert. Kaninchenkot ist reich an Stickstoff, und mit der zufälligen Ablage agieren Kaninchen als ihre eigenen Gärtner, indem sie den Boden während ihrer Fortbewegung düngen, was dabei hilft, dass noch mehr Gras wächst, das später gefressen werden kann. Kaninchenkot ist auch für Ihren Kompost im Garten sehr nützlich.

Kaninchen deponieren ihre Kotbällchen außerdem in Mulden, um die Reviergrenzen des Baus zu markieren. Die beeindruckendste Verwendung von Kotbällchen ist allerdings die Bildung von Latrinen. Das sind öffentliche Toiletten, die von allen Mitgliedern der Kolonie benutzt werden und Tausende von dicht gepackten trockenen Kotbällchen enthalten. Oft befinden sich die Latrinen auf einem leicht ansteigenden Terrain, was sie noch auffälliger für jedes andere Kaninchen macht. Die Latrinen vermitteln visuelle Zeichen und Duftsignale an Mitglieder und Nichtmitglieder der Kolonie gleichermaßen. Wahrscheinlich haben sie zwei Hauptfunktionen, die mit der Markierung der Reviergrenzen der Gruppe in Zusammenhang stehen. Die erste ist, den Bewohnern zu signalisieren, dass dies ihr Revier ist, und sie damit in ihrem Vertrauen zu bestärken, dass sie »zu Hause« sind. Das ist vergleichbar mit uns Menschen, die wir uns entspannter fühlen, wenn wir vertraute Stellen oder unser Gartentor sehen, die uns darüber informieren, dass wir uns auf unserem eigenen Grundstück befinden.

Die zweite Funktion ist dieselbe, die bei uns Zäune und Tore übernehmen, nämlich Fremde zu warnen, dass dies unser Revier ist. Latrinen warnen jedes Kaninchen eines anderen Reviers, dass es das Revier einer fremden Kolonie betritt und sich darauf einstellen sollte, von den Bewohnern verjagt oder angegriffen zu werden.

Mischlinge

Manchmal wird gefragt, ob Kaninchen und Hasen sich fortpflanzen können. Die Antwort lautet schlicht nein. Obwohl es eine Hauskaninchenrasse namens *Belgischer Hase* gibt, ist der Name irreführend. Er ist ganz und gar ein Kaninchen, und sein langgliedriges, hasenartiges Erscheinungsbild beruht auf künstlicher Selektion durch Züchter, um ein langbeiniges Tier zu entwickeln.

Es gibt unterschiedliche Kaninchenarten auf der Welt, von denen einige, etwa die nordamerikanischen Baumwollschwanzkaninchen, auch an Hasen erinnern. Sie sind jedoch entfernte Verwandte sowohl unseres Europäischen Wildkaninchens als auch des Hasen, aber eine andere Tierart, die sich weder mit Hasen, mit Hauskaninchen noch mit deren Vorfahren, dem Europäischen Wildkaninchen, erfolgreich paaren kann.

Nestbau

Die werdende Mutter beginnt in den letzten beiden Wochen ihrer Trächtigkeit mit der Vorbereitung auf die Geburt ihrer Jungen. Die erste Pflicht besteht darin, einen passenden Ort zu finden, um eine Nisthöhle zu graben, die nicht zu stark Raubtieren oder der Witterung ausgesetzt ist. Starker Regen kann zur Folge haben, dass die Nisthöhle überflutet wird, und nistende Kaninchen sind äußerst anfällig fürs Ertrinken. Vielleicht haben Sie schon einmal verlassene Kaninchenhöhlen im Feld bemerkt. Das sind »Test«gelände, die sich als unpassend erwiesen haben. Alte Höhlen aus einer früheren Paarungszeit können zwar wieder verwendet werden, doch eine Häsin nutzt nur selten mehr als einmal pro Paarungszeit dieselbe Höhle und baut für jeden Wurf eine neue. Wenn sie eine passende Stelle gefunden hat, fängt die Häsin an, die Höhle zu graben.

Irgendwann in der letzten Woche ihrer Trächtigkeit, vielleicht sogar erst am Tag der Geburt, beginnt die Häsin das Nest vorzubereiten. Sie sammelt Gräser und tote Pflanzen, die sie mit dem Maul hinunter zum Boden der Höhle trägt. Viele Transporte sind nötig, bis sie genug Material für den Bau des Nestes gesammelt hat. Hat sie genug angehäuft, dann höhlt die Häsin mit ihrem Kopf und ihren Vorderpfoten die Mitte der Mulde aus. Daraufhin legt sie die innere Vertiefung vollständig mit weichem Fell aus, das sie sich mit ihren Zähnen an Bauch, Flanken und Brustkorb ausrupft. Die Endkonstruktion sieht aus wie eine runde Vase. Im oberen Bereich befindet sich ein schmaler Hals, der sich in eine warme, trockene, komfortable, mit Fell ausgekleidete Kammer erweitert, in die sie sanft ihre neugeborenen Jungen hineinsetzt.

Ordnung

Das Leben von Wildkaninchen verläuft in geordneten Bahnen, sowohl im Hinblick auf die Zeit als auch auf die Sozialstruktur. Natürlich könnte diese Aussage ganz allgemein für alle Tiere gelten, da sie alle einem mehr oder weniger strengen Muster von täglichen Aktivitäten, Jahresrhythmen und Interaktion mit Artgenossen folgen.

Im Hinblick auf seine täglichen Aktivitäten ist das Kaninchen von Natur aus ein Gewohnheitstier, das in der Abenddämmerung aus seinem Bau hervorkommt und bald nach der Morgendämmerung wieder darin verschwindet. Wie wir noch sehen werden, wird sein Paarungsverhalten vom Umlauf der Erde um die Sonne bestimmt, durch den mit den Jahreszeiten das Tag/Nacht-Verhältnis verändert wird. Diese Ordnung der Jahreszeiten beeinflusst auch die Sozialordnung der Höhlenbewohner.

Ein großer Kaninchenbau kann einen Lebensraum für 50 oder mehr Kaninchen bieten. Den Bau kann man sich als Dorf vorstellen, dessen Gesamtbevölkerung als Kolonie bezeichnet wird. Die Kolonie besteht aus mehreren kleineren, unterschiedlichen sozialen Gruppen. Eine einzelne Gruppe kann aus nur zwei Tieren bestehen, gewöhnlich Männchen und Weibchen. Die Gruppen bestehen nur selten aus mehr als acht Tieren, wobei die Weibchen gewöhnlich in der Überzahl sind. Die Weibchen einer Gruppe sind tendenziell eng miteinander verwandt. In jeder Gruppe herrscht eine soziale Ordnung, die dazu dient, die Harmonie unter den Mitgliedern zu wahren.

Unter den Männchen ist diese Hierarchie recht streng, wobei das dominante Männchen, das oft größer und älter als die anderen Männchen ist, Vorrang bei der Paarung mit Weibchen und die besten Fress- und Ruheplätze hat. Diese so genannten Dominanz-Hierarchien werden nicht aufrecht erhalten, indem das »Top«-Kaninchen aggressiv ist oder die anderen schikaniert. Genau wie bei Hunden und Pferden wägen stattdessen die anderen Kaninchen ihre Chancen auf einen erfolgreichen Kampf ab, zeigen, falls die Gewinnchancen gegen sie sprechen, ein unterwürfiges Verhalten und geben dem dominanteren Tier den Vorrang. Wenn die jungen Männchen erwachsen werden, fordern sie gerne den dominanten Rammler heraus und werden gewöhnlich aus der Gruppe vertrieben, bevor sie voll geschlechtsreif sind. Diese jungen Böcke gehen auseinander, um sich neuen Gruppen in der Kolonie anzuschließen, oder sie verlassen ganz den Bau und versuchen ihr Glück in einem neuen. Junge Männchen werden tendenziell tatsächlich in neuen Bauen akzeptiert, sobald die Paarungszeit in diesem Jahr beendet ist. Auf diese Weise vermeiden Kaninchenkolonien die Inzucht. In der Zwischenzeit, wenn ihre Gruppe sie Koffer packen geschickt hat und sie ein neues Zuhause suchen, leben diese jungen Männchen häufig an der Oberfläche, wobei sie in flachen Löchern oder Mulden ruhen, die unter Büschen verborgen sind. Während dieses Zeitraums des Umherstreifens und des Lebens an der Oberfläche werden sie im Englischen als »Satelliten« bezeichnet. Andere Satelliten-Männchen sind oft alte Tiere, die ihre Autorität in der Gruppe verloren haben und von einem jüngeren, stärkeren Männchen vertrieben worden sind.

Unter den Weibchen existiert auch eine altersmäßige Rangordnung, oft mit einer einzelnen dominanten Häsin. Ihre Hierarchie ist allerdings entspannter als die der Männchen, und die Häsinnen zeigen sich gegenüber den anderen Weibchen ihrer Gruppe toleranter, zumindest während der meisten Zeit des Jahres. In der Fortpflanzungszeit können Kaninchenweibchen außergewöhnlich aggressiv zu denselben Weibchen werden, mit denen sie noch im Herbst und Winter aneinandergekuschelt zusammen gelegen, sich gegenseitig an den Ohren geknabbert und im Allgemeinen ein freundschaftliches Verhältnis gepflegt hatten. Während die Männchen sich um den Zugang zu Weibchen bekämpfen, um sich zu paaren, ist für die Weibchen der Zugang zu den Männchen kein Problem und der Großteil wird die Fortpflanzungszeit trächtig verbringen. Unbedingt erforderlich ist für die Häsinnen, dass sie sichere, trockene Bereiche finden, wo sie ihr Nest bauen können. Diese sind nicht immer reichlich vorhanden, und es ist bekannt, dass einige Weibchen bis auf den Tod darum kämpfen, welches von ihnen die Besitzherrschaft über einen bestimmten Nistbereich erlangen wird.

Paarung

Das Werbungsverhalten von Kaninchen dient dazu, sowohl Weibchen als auch Männchen in sexuelle Erregung zu versetzen, um eine erfolgreiche Paarung zu ermöglichen. Eine fruchtbare Paarung hat eine ungefähr 30-tägige Trächtigkeit zur Folge. Eine unfruchtbare Paarung kann zur Folge haben, dass das Weibchen scheinträchtig wird, ein Zustand, der gewöhnlich etwa 16 Tage anhält, während derer sie nicht empfangen kann.

Anders als beim Menschen endet der Fruchtbarkeitszyklus des Kaninchens nicht mit dem Eisprung, d. h. dem Ausstoß der Eier in den Eileiter. Stattdessen haben Kaninchen ein System, das als »spontaner Eisprung« bezeichnet wird. Dies bedeutet, dass Eier zwar in den Eierstöcken produziert, aber erst in die Eileiter ausgestoßen werden, wenn das Weibchen gedeckt wird. Dies zeigt einmal mehr, wie der Druck der ursprünglichen rauen Umgebung des Kaninchens seine Physiologie und sein Verhalten beeinflusst hat. Findet keine Kopulation statt, dann werden »ungenutzte« Eier wieder vom Körper absorbiert, statt als Abfall ausgeschieden zu werden. Mit der Kopulation als Auslöser für den Eierausstoß ist die Chance wesentlich größer, dass ein einzelnes Ei befruchtet wird, da es nur ausgestoßen wird, wenn Spermien anwesend sind.

Während der Paarungszeit haben Häsinnen einen Brunstzyklus von etwa sieben Tagen. Ein Ei braucht drei bis vier Tage, um im Eierstock heranzureifen und bereit für den Ausstoß in die Eileiter zu werden. Ist das Ei bereit, dann ist die Häsin in den nächsten zwei bis drei Tagen paarungswillig, was die erfolgreiche Befruchtung der Eier zur Folge haben kann.

Falls keine Kopulation stattfindet, werden die reifen Eier wieder absorbiert, und neue beginnen zu reifen. Falls die Umweltbedingungen gut sind, mit warmem Wetter und reichlich Nahrung, dann wird das Weibchen die ganze Paarungszeit über fast durchgehend empfängnisbereit sein. Selbst wenn es trächtig ist, setzt sich dieser Verhaltenszyklus fort, so dass das trächtige Weibchen häufig um den 14. Tag seiner Trächtigkeit herum erneut gedeckt wird. Die Weibchen sind im Allgemeinen auch tatsächlich weiterhin empfänglich gegenüber Männchen, obwohl die Paarungshäufigkeit während der Trächtigkeit abnimmt.

Kaninchen sind faktisch das ganze Jahr über zeugungsfähig, doch in freier Natur ist das selten. Es gibt einen scharf abgegrenzten Beginn der Paarungszeit, an dem fast alle Weibchen innerhalb von sieben Tagen trächtig werden. Paarungen, die vor der Paarungszeit stattfinden, haben tendenziell keinen Eisprung zur Folge. Dies lässt vermuten, dass der Beginn der Paarungszeit von einer Veränderung der Reproduktionsphysiologie der Weibchen bestimmt wird, wahrscheinlich als Reaktion auf die veränderte Tageslänge zu Beginn des Frühlings. Mit den kürzer werdenden Tagen im Spätsommer verringert sich die Fruchtbarkeit von Männchen und Weibchen gleichermaßen. Sowohl Spermienproduktion als auch Hodengewicht der Männchen nehmen ab, und die Hoden ziehen sich in die Bauchhöhle zurück, um sich erst im folgenden Jahr wieder abzusenken.

Revier

Das Revier eines Tieres ist das Gebiet, das es häufig nutzt, wo es nach Futter sucht und Kontakte knüpft. Anders als das Territorium der Gruppe wird das Revier nicht verteidigt und kann sich durchaus mit den Revieren anderer Kolonien überschneiden. Wenn Sie so wollen, ist mein Territorium mein Haus und mein Garten, aber mein Revier schließt meine Geschäfte, mein Büro und meine Bar mit ein.

Die Größe des Reviers einer Kaninchengruppe hängt in erster Linie von der verfügbaren Nahrungsmenge ab. Wenn es reichlich Nahrung sozusagen direkt vor der Haustür gibt, ist es kaum sinnvoll, weit zu reisen, um zu fressen und das Risiko zu erhöhen, von einem Raubtier gefasst zu werden. An einigen Orten, etwa dem Sanddünenkomplex auf der Insel *Lindisfarne*, müssen Kaninchen mehrere Hundert Meter von ihren Höhlen in den Sanddünen bis zu den Dünensenken in der Nähe der Küste zurücklegen, um Nahrung zu finden. Die Größe des Reviers kann im Laufe des Jahres auch leicht schwanken, da die Nahrung in der Nähe des Kaninchenbaus mehr oder weniger knapp sein kann. Das trifft womöglich besonders auf Kaninchen zu, die von Feldfrüchten leben und weitere Strecken über die Felder zurücklegen müssen, wenn gerade geerntet wurde.

Revierverhalten

Kaninchen unterhalten sich kleine Territorien in ihrem Revier. Diese werden aktiv mit Pheromonen aus ihren Anal- und Kinndrüsen markiert.

Die Erhaltung und Verteidigung territorialer Grenzen ist während der Fortpflanzungszeit Hauptbeschäftigung der Männchen – neben Fressen und Paarung. Zwar sind alle Männchen in einer Gruppe miteinbezogen, doch es ist das dominante Männchen, das hauptsächlich dafür verantwortlich ist, jeden Eindringling abzuwehren. Bei vielen solcher Eindringlinge handelt es sich tatsächlich um dominante Männchen anderer Gruppen, die ausprobieren wollen, ob sie ihre Eigentumsrechte ausdehnen können.

Natürlich wird ein Männchen auf einem solchen Feldzug versuchen, alle dort ansässigen Männchen zu vermeiden. Wenn aber doch einmal zwei Männchen aufeinander treffen, dann gibt es drei Möglichkeiten. Erstens kann der Eindringling beschließen, dass Vorsicht besser als Nachsicht ist und sich hinter die (für uns unsichtbare) Grenze zurückziehen, wobei er oft vom ansässigen Männchen bis dorthin gejagt wird. Alternativ kann er versuchen, die Situation zu entschärfen, indem er eine unterwürfige Körperhaltung einnimmt. Hierfür legt er sich dicht auf den Boden und legt seine Ohren flach am Kopf an. Das ansässige Männchen wird seine Position und seine Gefühle bekannt geben, indem es sich dem Eindringling langsam nähert, in kurzen Abständen am Gras knabbert und hie und da den Boden mit dem Kinn markiert oder ihn frenetisch mit seinen Vorderpfoten umgräbt. Wenn das Wirkung zeigt, wird der Eindringling gefolgt vom triumphierenden ansässigen Männchen hastig den Rückzug antreten.

Als dritte Möglichkeit wird der Eindringling aber auch, wenn er meint, eine Chance zu haben, das ansässige Männchen zu entthronen, sich weder zurückziehen noch eine unterwürfige Körperhaltung einnehmen, sondern versuchen, seine Stellung behaupten. In diesem Fall wird sich die Stimmung aufheizen, und es wird eine Menge posiert, bevor wirklicher Schaden angerichtet wird. Beide Männchen prahlen mit ihrem Heldenmut, indem sie den Boden aufkratzen, sich gegenseitig mit steifbeiniger Gangart hinterherlaufen und sich jagen. Falls es dann immer noch Zweifel gibt, wer der Stärkere ist, werden die Männchen anfangen zu kämpfen und es wird Fell fliegen.

Außerhalb der Fortpflanzungszeit geht die Verteidigung des Reviers entspannter vonstatten, wenn neue Tiere sich den Gruppen anschließen können oder selbst neue Gruppen gründen.

Springen

Springen ist nicht unbedingt ein Verhalten, das man mit Kaninchen in Verbindung bringt. Sie neigen dazu, sich, wo immer möglich, lieber unter etwas her als darüber hinweg zu bewegen, und sie treffen auch kaum auf Hindernisse, die erfordern, dass sie sich hoch in die Lüfte schwingen. Das bedeutet jedoch nicht, dass sie nicht springen können. Im Gegenteil haben Jungkaninchen bald die Angewohnheit, schnell herumzuhoppeln, in die Luft zu springen und dabei ihren Rücken zu verdrehen, bevor sie wieder landen und in die andere Richtung davonstürmen. Dieses anscheinend spielerische Verhalten ermöglicht ihnen, die Muskelkoordination zu üben und fein abzustimmen, die für dieses Kunststück notwendig ist, das sich später als lebensrettend erweisen kann. Wenn sie von einem Raubtier verfolgt werden, werden Kaninchen in Richtung des nächstgelegenen Loches davonrasen und auf dem Weg dorthin oft die Richtung wechseln, um ihre Ergreifung zu verhindern.

Urin

Kaninchen können genau wie Katzen Urin auf zwei unterschiedliche Arten ausscheiden. Die erste und üblichste Methode besteht einfach darin, sich leicht hinzuhocken und die Blase zu entleeren. Die zweite wird »Spritzen« genannt. Gewöhnlich tun dies männliche Kaninchen, entweder in Richtung eines untergeordneten Männchens oder als Teil des Werbungsrituals in Richtung eines Weibchens. Im letzteren Fall hat es einen bestimmten Namen: »Bespritzen«.

Der Akt des Spritzens ist sehr schnell und erfordert, dass das Männchen hinter dem anderen Kaninchen herläuft, sein Hinterteil beim Laufen anhebt, es dreht und einen Urinstrahl ausstößt. Und sie verfehlen nur selten ihr Ziel.

Verfolgungsjagd

Kaninchen jagen andere Kaninchen, weil sie sie nicht mögen oder aber weil sie sie sehr mögen. Der erste Fall steht mit Revierverhalten in Verbindung und wurde detaillierter im Abschnitt zu diesem Thema diskutiert. Hier werde ich die Verfolgungsjagd behandeln, die zwischen Kaninchen auftritt, die sich im positiven Sinne füreinander interessieren.

Eine solche Verfolgungsjagd ist Teil des Werbungsrituals der Kaninchen, und es ist vor allem der Rammler, der das Weibchen seiner Wahl jagt. Die Kaninchenwerbung ist keine sonderlich langwierige Angelegenheit und kann, wie professionelle Kaninchenzüchter wissen, extrem oberflächlich sein, obwohl das vielleicht mehr mit dem Einsperren der Tiere auf engem Raum als mit den Wünschen der jeweiligen Kaninchen zu tun hat.

Unter weiträumigeren, natürlichen Bedingungen können zum Werbungsverhalten mehrere Verhaltensweisen gehören, die zur Folge haben (oder auch nicht), dass dem Rammler gestattet wird, sich mit dem Weibchen seiner Wahl zu paaren. Ein Rammler entdeckt eine paarungswillige Häsin durch seinen Geruchssinn. Hat er einmal die Häsin identifiziert, folgt er ihr in einem Abstand von fünf oder mehr Metern. Im Allgemeinen geht das ganz langsam vonstatten, wobei natürlich die Häsin das Tempo vorgibt. Dann kommt er allmählich näher und fängt an, steifbeinig umherzustolzieren und das Weibchen zu umkreisen, oder er hält vor ihr eine Parade ab. Sie schenkt dieser Zurschaustellung von Männlichkeit womöglich kaum Beachtung und entfernt sich und lässt damit das ursprüngliche Folgeverhalten, die Werbungsjagd, wieder von neuem beginnen. Wahlweise fängt sie auch selbst an zu flirten und veranstaltet ihrerseits eine kleine Verfolgungsjagd.

Visuelle Kommunikation

Visuelle Zeichen nehmen keinen besonders großen Teil im Kommunikationssystem des Kaninchens ein. Angesichts der Tatsache, dass sie so viel Zeit im Dunkeln verbringen, ist das auch nicht überraschend. Es gibt jedoch Variationen in der Körperhaltung und in der Stellung der Ohren, die Unterwürfigkeit, Angst, Aggressivität, Zufriedenheit und Entspanntheit ausdrücken.

Ein entspanntes Kaninchen wird entweder auf der Seite oder auf dem Bauch liegen, wobei seine Hinterbeine nach hinten ausgestreckt sind. Alternativ kann das Kaninchen sich auch mit unter den Körper gezogenen Beinen und nach hinten gefalteten Ohren hinkauern.

Ein unterwürfiges Kaninchen wird sich auf den Boden ducken und sich klein und unbedrohlich machen. Generell ist Unterwürfigkeit in der Tierwelt dadurch gekennzeichnet, dass der Körper kleiner wirkt und oft der Blickkontakt mit dem dominanteren Tier vermieden wird. Sehr deutlich kann man dies bei Hunden beobachten, die ihren Körper ducken, ihren Kopf senken und am dominanteren Hund oder Menschen vorbeisehen.

Die Körperhaltung eines ängstlichen Kaninchens ähnelt sehr der eines unterwürfigen Tieres. Der Hauptunterschied besteht darin, dass die Gesichtsmuskulatur eines Kaninchens, das Angst verspürt, sich anspannt und den Eindruck vermittelt, dass die Augen jeden Moment aus dem Kopf fallen. Der Körper ist dicht an den Boden gedrückt, und die Ohren liegen flach am Kopf an. Dies ist ein Versuch des Kaninchens, so unscheinbar wie möglich zu erscheinen, gleichzeitig jedoch wachsam mit Augen und Nase die Quelle seiner Angst zu beobachten.

Kaninchen schütteln den Kopf, um Verärgerung oder Abneigung zu zeigen, zum Beispiel über einen seltsamen Geruch oder Geschmack. Manchmal folgt darauf noch ein bisschen mehr visuelle Kommunikation, vielleicht die, die uns am bekanntesten ist, nämlich das Klopfen mit den Hinterbeinen, das sowohl ein visuelles als auch ein auditives Zeichen für eine mögliche Gefahr ist. Ein Kaninchen, das wirklich besorgt ist, wird sich daraufhin geschwind in seinen Bau zurückziehen, sein Hinterteil beim Rennen anheben und damit die weiße Unterseite seines Schwanzes zeigen, auch »Blume« genannt. Dieser weiße Fellfleck hebt sich gegen den dunkleren Körper ab, ist für andere Kaninchen sichtbar, sogar bei schwachem Licht, und dient als deutliches Signal für alle, den schützenden und sicheren Bau aufzusuchen.

Waffen

Kaninchen können saftig mit der Faust austeilen, benutzen dafür aber lieber ihre muskulösen Hinterbeine statt ihrer kürzeren, schwächeren Vorderpfoten. Kaninchen boxen mit ihren Vorderbeinen, indem sie sich aufstellen oder nach vorne ausfallen, um ihre Position dann mit einem heftigen Biss zu sichern.

Wenn Sie sich überlegen, dass diese Zähne dafür gedacht sind, Stämme und sogar Baumrinden zu durchtrennen oder Möhren zu zerlegen, dann können Sie sich leicht die Schmerzen vorstellen, die ein Kaninchenbiss verursacht – vorausgesetzt, dass Sie nicht schon das Pech hatten und selbst Opfer geworden sind.

Kaninchen sind keine übermäßig aggressiven Geschöpfe, aber wenn sie kämpfen, dann tun sie es mit Inbrunst und ohne Rücksicht auf Fairplay. Sie kämpfen, indem sie den anderen mit Zähnen und Vorderpfoten packen, während sie gleichzeitig eine Reihe massiver Tritte mit den Hinterbeinen austeilen. Die Wirkung dieser Tritte wird von den starken, scharfen Krallen verstärkt, die den Bauch des Gegners aufschlitzen können. Die Kämpfe beschränken sich nicht nur auf den Wettbewerb zwischen Männchen; auch Häsinnen kämpfen manchmal auf Leben und Tod um Nistplätze und werden auch gerade hervorgekommene Junge angreifen, die nicht ihre eigenen sind. Alle Kaninchen sind außerdem mehr als fähig, einen tapferen und manchmal erfolgreichen Kampf um ihr Leben zu führen, wenn sie von einem Raubtier gefasst werden.

Wiederverdauung

Die Wiederverdauung ist ein Prozess, den das Kaninchen entwickelt hat, um ihm zu helfen, den maximalen Nutzen aus jedem Bissen zu ziehen, den es frisst. Die Vegetation wird in kleine Stücke zerteilt und mittels der Vor- und Seitwärtsbewegung der Zähne zu einem feinen Brei gemahlen. Dieser Brei wird heruntergeschluckt und gelangt in den Magen, wo er weiterzersetzt wird, bis er sich schließlich durch den Dünndarm weiter zum Blinddarm bewegt.

Anders als der menschliche Blinddarm, der keine Funktion mehr besitzt, ist der Blinddarm des Kaninchens ein sehr wichtiger Bestandteil seines Verdauungssystems. Hier befindet sich eine große Zahl nützlicher Bakterien, deren Lebensaufgabe darin besteht, die harten Cellulose-Wände der Pflanzenzellen aufzubrechen und damit die Nährstoffe freizusetzen, die vom Darm des Kaninchens aufgenommen und in Muskeln, Knochen, Fell – in ein Kaninchen – umgewandelt werden.

Nun kommt etwas, das auf den ersten Blick als eine Art Designfehler erscheinen könnte. Es wäre logisch, wenn die Nährstoffe im Darmteil hinter dem Blinddarm und seiner Bakterienfabrik aufgenommen würden, doch die Absorption findet nur im schon vorher passierten Dünndarm statt, direkt hinter dem Magen. Die Natur hat dieses Problem durch die Wiederver-

... das Kaninchen beugt schnell seinen Kopf zwischen die Beine
und fängt das Kotbällchen ab ...

dauung gelöst, buchstäblich das Teilhaben an einer Mahlzeit, in diesem
Falle zum zweiten Mal.

Der nunmehr bis zur Unkenntlichkeit verwandelte Brei, der einmal Gras
war, passiert nun den Mastdarm, wo er zu kleinen runden Bällchen ge-
presst und mit Schleim überzogen wird. Diese weichen, feuchten Kotbällchen werden dann alle einzeln aus dem After entlassen. Bei der Beförde-
rung des Kotbällchens ins Freie beugt das Kaninchen schnell seinen Kopf
zwischen die Beine und fängt das Kotbällchen mit seinem Maul ab, bevor
es den Boden berührt. Das Kotbällchen wird dann nochmals zermahlen,
hinuntergeschluckt und durch den Magen geschleust. Dieses Mal jedoch
werden alle Nährstoffe, die nun freigesetzt sind, vom Dünndarm aufgenommen und gehen in das Blut über, um überall im Körper des Kaninchens
Verwendung zu finden. Das, was übrig bleibt, wandert weiter durch das
Verdauungssystem und wird als harte, komprimierte Kotbällchen ausgeschieden, die auf dem Boden hinterlassen werden.

Kaninchen neigen dazu, tagsüber weiche Kotbällchen für die Wiederverdauung und nachts harte Kotbällchen zu produzieren, wenn sie sich an der
Oberfläche befinden. Das bedeutet, dass ein Großteil ihrer Verdauung unterirdisch stattfinden kann und sie ihren sicheren Bau nur verlassen müs-

sen, um ihren Magen wieder aufzufüllen. In kalten, nassen Nächten kann das eine äußerst kurze Zeitspanne sein.

Zahlen

Während Kaninchen für einige entzückende Geschöpfe sind, die unsere Spaziergänge auf dem Lande bereichern, sind sie für andere nichts weiter als eine Plage, die strenge Kontrollmaßnahmen erfordert. Kaninchen verursachen immense Ernteschäden. Auf dem Höhepunkt der explosionsartig angestiegenen Kaninchenpopulation in Großbritannien etwa um die Zeit des 2. Weltkrieges wurde der Schaden auf ungefähr 300 Millionen Pfund (etwa 454 Millionen Euro) pro Jahr geschätzt. Es gab buchstäblich Millionen von Kaninchen, 40 Millionen wurden jedes Jahr für ihren Pelz und ihr Fleisch gefangen. 1953 wurde in Großbritannien die Myxomatose eingeführt, um die Kaninchenpopulation zu kontrollieren. Sie war anfangs sehr effektiv und tötete mehr als 99 Prozent der Kaninchenpopulation. Doch die wenigen überlebenden Kaninchen waren resistent und bald stieg die Population wieder an. Mitte der 80er-Jahre befand sich die Zahl der Kaninchen in Anbaugebieten von Nutzpflanzen, etwa dem Südosten Englands, wieder auf dem Stand, auf dem sie sich vor der Myxomatose befunden hatte.

Die am besten dokumentierten Daten über das Wachstum von Kaninchenpopulationen stammen aus Australien. Alle der Millionen Wildkaninchen Australiens stammen von 24 Tieren ab, die von einem gewissen Thomas Austen im Jahre 1859 in das Land gebracht wurden. Er brachte diese Tiere von England mit auf sein Anwesen in Victoria, um ihn an seine Heimat zu erinnern und ihm Gelegenheit zur Jagd zu bieten. Nur sechs Jahre später waren allein auf seinem Anwesen 20.000 Kaninchen getötet worden. Sieben Jahre nach ihrer Einführung hatten sich die Kaninchen so stark vermehrt, dass sie sich über das ganze Land verbreitet hatten und noch mehr als 800 km entfernt in Queensland aufgefunden wurden. Die Lage war zum Verzweifeln. Die Australier versuchten, die Kaninchen zu stoppen, indem sie Jagd auf sie machten, sie vergasten und ihre Baue aushoben. In den 50er-Jahren wurde die Myxomatose eingeführt, doch ihr anfänglicher Erfolg war nur von kurzer Dauer und genau wie in Großbritannien hatte Australien schließlich wieder eine große Plage.

Ende der 90er-Jahre wurde eine neue Krankheit entdeckt, die Chinaseuche, auch Viral Haemorrhagic Disease (VHD) genannt. Sie wurde als

Die Lage war verzweifelt.

neueste Waffe des Menschen im Krieg gegen das Kaninchen eingeführt. Sie hat sich als genauso effektiv wie die Myxomatose herausgestellt und hat den Großteil der Wildpopulation in Australien getötet. Eine totale Ausrottung des Kaninchens erfordert jedoch, dass die verbleibenden Tiere durch traditionellere Methoden ausgelöscht werden müssen. VHD ist eine böse Krankheit, bei der das Kaninchen innere Blutungen in Eingeweiden, Lunge und Harntrakt erleidet. Der Tod erfolgt gewöhnlich recht schnell. Nach jetzigem Kenntnisstand ist diese Krankheit nur kaninchenspezifisch. Viren sind jedoch sehr geschickt und können sich verändern und auch bei anderen Tierarten Krankheiten auslösen. Es bleibt zu hoffen, das diese bestimme Form der biologischen Kontrolle spezifisch auf Kaninchen beschränkt bleibt und nicht andere Tierarten schädigt, ob die ursprüngliche Fauna Australiens oder jedes anderen Teiles der Welt.

Zoonose

Zoonosen sind Krankheiten, die von einer Tierart auf die andere übertragen werden können, insbesondere von Tieren auf Menschen. In Bezug auf Wildkaninchen ist das normalerweise kein Problem, da nur wenige von uns in die Lage kommen, mit ihnen in Kontakt zu treten. Haustiere jedoch leiden an Krankheiten wie Flechtengrind und Salmonellen, mit denen Menschen sich infizieren können. Es lohnt sich daher, daran zu denken, normale Hygienestandards einzuhalten, etwa Händewaschen, nachdem man ein Kaninchen angefasst hat. Es ist tröstlich zu wissen, dass Menschen sich nicht mit Myxomatose oder VHD infizieren können.

Dieser recht kurze Überblick über das Verhalten von Wildkaninchen hat, wie ich hoffe, Ihnen einen Einblick in die faszinierenden Lebewesen gegeben, die wir so oft für selbstverständlich nehmen, wenn wir an ihnen vorbeifahren und sie gerade sanft am Straßenrand oder auf dem Seitenstreifen grasen, oder die wir als knuddelige, aber nicht übermäßig interessante Haustiere betrachten. Kaninchen sind gut an ihr Schicksal als extrem bejagte Tierart angepasst. Ihr Körperbau und ihr soziales Verhalten sind dazu geschaffen, die Überlebenschancen jedes einzelnen Tieres zu erhöhen. Die Art ihrer Jungenaufzucht ist nach unserem Wissensstand einzigartig für eine Tierart, deren Nachwuchs so unterentwickelt und hilflos geboren wird. Ein interessantes Tier.

Teil drei:

Kaninchen verstehen

In den ersten beiden Teilen dieses Buchs haben wir alle Faktoren diskutiert, die das Verhalten eines Tieres beeinflussen könnten, um zu verstehen, warum ein Tier tut, was es tut. Wir haben gesehen, dass ein Verhalten Ergebnis des Zusammenspiels von genetischem Erbe, Erfahrungen und Gesundheitszustand eines Tieres ist. Wir haben auch einen kurzen Ausflug in das Leben des Wildkaninchens gemacht und uns das normale Wildkaninchenverhalten von A bis Z angesehen. Nun können wir uns einigen Beispielen unerwünschter Verhaltensweisen zuwenden, die unsere Kaninchen zeigen können.

Die Strategien, die ich auf den folgenden Seiten vorschlagen werde, sollten nicht als endgültig oder auf jeden Problemfall übertragbar angesehen werden. Vielmehr sollten sie als Beispiele aus der Verhaltenstherapie betrachtet werden, die in der Praxis funktioniert haben. Es ist wichtig, daran zu denken, dass jedes Kaninchen ein Individuum ist und dass jede Familie, zu der es gehört, ebenfalls aus Individuen besteht. Alle Beteiligten, Menschen, Kaninchen oder andere, sind Produkt ihres eigenen genetischen Erbes und ihrer Erfahrung und deshalb muss jeder Versuch einer Verhaltensänderung genau durchdacht werden. Hat der Verhaltenstherapeut die Ursache des Problems ermittelt und mögliche Lösungsstrategien erarbeitet, dann ist oft der Halter derjenige, der am besten in der Lage ist, einen Aktionsplan zu erstellen, der auf die spezifische Situation zugeschnitten ist.

Im Folgenden findet sich eine Auswahl von Fragen, die mir als Verhaltenstherapeutin mit speziellem Interesse an Kaninchen gestellt wurden. Einige haben mit Aspekten von normalem Kaninchenverhalten zu tun, die die Halter merkwürdig fanden. Bei anderen geht es um Verhaltensweisen, die problematisch sind und für Kaninchen und/oder Halter ziemlich schwer wiegend sein können. Darüber hinaus habe ich einige Aspekte des normalen Kaninchenverhaltens mit eingefügt, die im vorangegangenen Teil nicht behandelt wurden.

Die Fragen stammen von Haltern, die mehr über ihre Kaninchen erfahren wollten. Da die Verhaltenstherapie ein Spezialgebiet ist und da auch körperliche Faktoren eine Rolle spielen können, bin ich der Überzeugung, dass Verhaltenstherapeuten eng mit Tierärzten zusammenarbeiten sollten. Daher behandele ich ausschließlich Fälle, die mir vom Arzt des Tieres zugewiesen wurden. Das gilt für Fälle, in denen ich das Tier von Angesicht zu Angesicht sehe, genauso wie für Fälle, in denen ich nur per Post helfen kann. Im letzteren Fall bitte ich die Halter, mir einen Fragebogen auszufüllen und mir ein Video des Kaninchens, seines Verhaltensproblems und seiner Umgebung zukommen zu lassen. Ich arbeite mit Tierärzten und mit Haltern, die oft willens sind, mehr über ihr Kaninchen zu erfahren und ein Verhaltensänderungsprogramm durchzuführen, und mit denen es Spaß macht, zusammenzuarbeiten. Das Verhalten eines Tieres zu verändern, ist nicht immer so einfach. Wie bei allen Tiertrainingsprogrammen erfordert die Veränderung des Verhaltens eines Kaninchens Geduld und Stetigkeit. Die Ergebnisse können erstaunlich und überaus lohnend sein. Ohne Geduld und Stetigkeit hat jedes Programm ein hohes Risiko zu scheitern.

Warum ...

... greift mein Kaninchen mich an, wenn ich ihm Futter bringe?

... beißt es seinen Mitbewohner?

... beißt es mich, wenn ich spüle?

... beißt es mich, wenn ich es hochnehme?

... beißt es meinen Sohn?

... knabbert es an Stromkabeln?

... knabbert es an seinem Käfig?

... reibt es sein Kinn an den Möbeln?

... gräbt es?

... kämpft es?

... schläft es ein, wenn ich es umdrehe?

... tötet es Meerschweinchen?

... leckt es meine Hand ab?

... verliert es Gewicht?

... benutzt es nicht seinen Auslauf?

... rupft es sich sein Fell aus?

... rennt es in seinem Stall herum?

... rennt es vor dem Abfalleimer davon?

... zerwühlt es den Rasen?

... schüttelt es den Kopf?

... versteckt es sich in seiner Hütte?

... bespritzt es mich, wenn ich hinausgehe?

... klaut es sich Essen?

... klaut es die Wäsche?

... reißt es die Tapete von der Wand?

... krieg es einen Wutanfall, wenn es auf Zuwendung warten muss?

Aggression

Kaninchen fressen selektiv, das heißt, sie suchen im Gras nach schmackhaften Kräutern oder Grünfutter und streifen dabei durch die Gegend. Futtersuche, Zerkauen und Verdauung verbrauchen Energie. Hinzu kommt, dass das Kaninchen oberirdisch Raubtieren ausgesetzt ist. Selektives Fressen bedeutet, dass das Kaninchen seine Energien für die Futterpflanzen aufwenden wird, die am nahrhaftesten sind, etwa zarte junge Triebe. Es macht daher für ein Kaninchen Sinn, eine schmackhafte Stelle, die es gefunden hat, gegen andere Kaninchen zu verteidigen, oder zumindest gegen jene, die dem betreffenden Tier untergeordnet sind. Im Winter, wenn das Futter knapp ist, müssen Kaninchen noch egoistischer sein. Ein aufgekratztes Stück Erde, das ein paar Wurzeln hergibt, oder die Rinde eines jungen Bäumchens können energisch verteidigt werden. Besitzrechte machen 90 Prozent der Kaninchengesetze aus.

Leider werden wir Menschen, wenn ein Kaninchen beschließt, seine Aggression gegen die es fütternde Hand zu richten, ziemlich aufgebracht. Kaninchen haben spitze Zähne, und diese Aggression zur Essenszeit ist nicht akzeptabel, besonders wenn Kinder für das Füttern ihres Haustieres verantwortlich sind. Futterbezogene Aggression kann zur Folge haben, dass das Kaninchen abgegeben oder eingeschläfert wird. Wenn wir die Situation aus der Sicht des Kaninchens betrachten, wird alles klar und wir können uns mögliche Lösungswege für das Problem ausdenken.

Frage

Meine Kinder haben eine einjährige Kaninchendame namens Coco. Sie ist sehr liebenswürdig und hat nichts dagegen, hochgenommen und betüttelt zu werden. Dennoch hat ihr Charakter eine dunkle Seite, die immer dann zum Vorschein kommt, wenn man ihr ihren vollen Futternapf oder einen Leckerbissen wie ein Stück Brot oder Keks gibt. Dann verwandelt sie sich in ein knurrendes, beißendes Monstrum und hat beide Kinder schon gebissen; auch mich hätte sie schon erwischt, wenn ich ihr die Gelegenheit dazu gegeben hätte.

Aus Sicherheitsgründen ist das Füttern von Coco inzwischen nicht mehr Aufgabe der Kinder. Es ist nicht mehr tägliche Routine, sondern eher ein Wettkampf zwischen mir und dem Kaninchen, bei dem ausgefochten wird, ob ich den Käfig öffne, den Futternapf hineinstelle und dann rechtzeitig meinen Arm wegziehen kann, bevor Coco aus ihrem Schlafzimmer hervorprescht und ihre Zähne in meiner Hand versenkt. Bisher hatte ich Glück, aber es ist nur eine Frage der Zeit. Sie scheint nicht ganz so unleidig zu sein, wenn sie Heu bekommt, obwohl sie auch dann ein bisschen knurrt.

Antwort

Sie haben bemerkt, dass Cocos Verhalten bei ihrer Trockenfutterration und bei Leckereien schlimmer ist. Aus ihrer Sichtweise sind diese es wert, verteidigt zu werden. Ist der Futternapf einmal in ihrem Revier bzw. an ihrem üblichen Futterplatz, dann gehört er nach den Kaninchenregeln nur ihr ganz allein. Es ist wichtig, dass Sie dieses Verhalten eher früher als später angehen, weil es sich noch verschlimmern könnte, wenn sie lernt, dass Aggression ihr das bringt, was sie haben will, nämlich, allein gelassen zu werden, um zu fressen. Dieses Verhalten könnte sich so ausweiten, dass sie auch ihr Heu oder sogar ihren leeren Futternapf verteidigen wird, wenn Sie kommen und ihn ihr wegnehmen wollen.

Wahrscheinlich stellen Sie den Futternapf immer an eine bestimmte Stelle in ihrem Käfig oder ihrem Gehege. Der erste Schritt besteht deshalb darin, regelmäßig den Standort des Napfes zu wechseln, damit jede Assoziation mit einer bestimmten Stelle durchkreuzt wird. Als zweiten Schritt geben Sie Coco Futter, wenn sie sich gerade anderswo aufhält und es nicht kommen sieht. Das ist natürlich wesentlich einfacher, wenn sie ein geräumiges Gehege mit Stall hat. Dinge wie Kekse, Brot oder frisches Gemüse und Gras können überall im Gehege verteilt werden, so dass Coco die Möglichkeit hat, nach Futter zu suchen, statt einen bestimmten Platz verteidigen zu müssen.

Außerdem ist es nützlich, Coco dazu zu bringen, Ihre Hand mit der Gabe von leckerem Futter zu assoziieren statt mit etwas, das Futter hinstellt und sich dann zurückzieht. Sich zurückziehende Hände erscheinen mehr wie der Rückzug untergeordneter Kaninchen. Wenn Sie sich mit Coco außerhalb ihres Käfigs befassen, füttern Sie sie mit Grashalmen, Heu, Möhrenstreifen oder anderen Dingen, an deren einem Ende sie knabbern kann, während Sie das andere Ende festhalten. Reden Sie gleichzeitig mit ihr und geben Sie ihr ein spezielles Wort, das sie lernen kann, zum Beispiel »Essen«. Wenn sie damit gut umgehen kann, verlagern Sie diese Fütterung in ihren Käfig.

Kaninchentrockenfutter ist ein höchst begehrenswertes Essen für Coco, sollte jedoch nicht den Großteil ihrer Ernährung ausmachen (siehe *Anorexie*, S. 81 und *Ernährung*, S. 103). Die Gabe von handelsüblichem Futter und anderen Dingen kann so gestaltet werden, dass es interessanter und nicht so einfach zu verteidigen ist, indem man ein bisschen quer denkt.

Wenn Sie das Futter zum Beispiel in einen Plastikball wie die für Waschmaschinen geben, wird Coco den Ball in ihrem Käfig herumrollen müssen, damit Futter herausfällt. Sie können Möhren und andere Dinge an einer Schnur am Käfigdach aufhängen, damit sie auf »Möhrenjagd« gehen kann.

Agoraphobie

Kaninchen sind nicht gerade erpicht auf weite, offene Flächen. Selbst wenn sie draußen auf einer Wiese oder am Straßenrand fressen, befinden sich Wildkaninchen nie mehr als einen kurzen Sprint vom sicheren Bau entfernt. Keinen Zugang zu einem solchen Zufluchtsort zu haben, ist für ein Kaninchen höchstwahrscheinlich äußerst stressvoll, da es dann keine Fluchtmöglichkeit vor Raubtieren hat.

Frage

Vor kurzem habe ich von einer Tierschutzorganisation ein bezauberndes erwachsenes Rex-Kaninchen übernommen, das ich Harrison genannt habe. Wir schätzen, dass Harrison mindestens drei Jahre alt ist. Ich habe einen Stall bauen lassen, der an ein großes Gehege aus Draht angeschlossen ist (3 × 2 Meter) und sich in der Mitte meines Gartens befindet, so dass ich ihn vom Wohnzimmer aus sehen kann. Ich hatte gehofft, ihm dabei zusehen zu können, wie er seine neue Freiheit auf seiner weiten Grasfläche genießt, aber da wurde ich enttäuscht. Harrison sitzt einfach nur in seinem Stall, obwohl er sich gelegentlich dazu herablässt, auf dem Gras zu sitzen, dann aber so nah am Stall, dass er sich mit einem Fuß noch fast drinnen befindet. Mag er sein Gehege einfach nur nicht oder ist er agoraphob? Kann ich irgendetwas tun? Er scheint so traurig zu sein.

Antwort

Das ist eine schöne Idee, das Gehege und Stall so zu platzieren, dass Sie ihn von Ihrem Wohnzimmer aus beobachten können. Ich kann mir ausmalen, wie Sie mit einem Glas Wein da sitzen und sich über Harrisons Possen amüsieren. Ich kann verstehen, wie enttäuscht Sie sich fühlen müssen, aber es gibt einiges, das Sie tun können, um Harrison zu helfen, sein Gehege zu erkunden und vollständig zu benutzen.

Im Moment ist das Gehege, wie Sie es nennen, eine weite Grasfläche, vor der Harrison Angst hat und die er nur ungern weiter als ein paar Zenti-

... ein Zufluchtsort, falls er sich erschreckt, und ein kühler Platz,
wo er bei warmem Wetter liegen kann ...

meter von seinem Stall entfernt erkundet. Es kann sein, dass er bisher noch
nie Zugang zu einer so großen Fläche hatte. Und selbst wenn, müssen offene Flächen stets mit Vorsicht genossen werden, wenn Sie ein Kaninchen
sind und leicht als Mahlzeit eines anderen enden können. Das Hauptpro-
blem besteht im Mangel an anderen Schutzmöglichkeiten als seinem Stall.
Folglich fühlt sich Harrison unsicher, wenn er sich zu weit davon entfernt.
Diese Unsicherheit kann noch größer werden, wenn Hunde, Katzen oder
Füchse sich in dem Gebiet aufhalten und ihren Geruch hinterlassen oder
sogar große Vögel wie Elstern, an die er nicht gewöhnt ist und die er daher
bedrohlich findet. Das Problem kann gelöst werden, indem Sie Harrison
ganz einfach Gegenstände geben, in die er sich leicht zurückziehen kann.
Röhren aus Ton sind für diesen Zweck extrem gut geeignet und finden sich
bei Ihrem örtlichen Baustoffhändler. Das Rohr muss so lang sein, dass Harrison sich ausstrecken kann, ungefähr das Anderthalbfache seiner Körperlän-
ge, wenn er entspannt sitzt. Der Durchmesser des Rohres muss so groß
sein, dass er es leicht betreten kann, jedoch nicht viel größer. Vielleicht
müssen Sie ein paar Keile an jedem Ende des Rohres platzieren, damit es
sich nicht bewegt, wenn er hineingeht oder darauf sitzt. Harrison wird bald
herausfinden, dass das Rohr mindestens drei Verwendungsmöglichkeiten
hat: ein Zufluchtsort, falls er sich erschreckt, ein kühler Platz, wo er bei

warmem Wetter liegen kann, und ein exzellenter Aussichtspunkt, wenn er sich darauf setzt. Sie müssen sich nicht auf einzelne Rohrstücke beschränken; es gibt sie auch als T- oder L-Teile, so dass Sie für ihn ein ganzes Gangsystem bauen können. Ein solches System ist gut für Kaninchen, die alleine oder zusammen mit einem anderen Kaninchen oder Meerschweinchen leben. In diesem Fall sollten Sie Röhren mit unterschiedlichen Größen nehmen, damit das Meerschweinchen oder das kleinere Kaninchen, falls es unterschiedlich große Rassen sind, seinen »eigenen« Privatbereich haben kann.

Nachdem Sie Harrison seine Höhlengänge gegeben haben, wollen Sie ihn vielleicht von seinem Stall weglocken, indem Sie schmackhafte Leckerbissen überall im Gehege verteilen. Wenn er gerne mit Menschen Kontakt hat, dann setzen Sie sich zusammen mit ihm ins Gehege und lassen Sie es ihn erkunden und zusammen mit Ihnen die Leckerchen finden. Sprechen Sie sanft mit ihm und machen Sie keine plötzlichen Geräusche oder Bewegungen, die seinen Verdacht bestätigen könnten, dass das Gehege eher Angst einflößend ist.

Diese Prinzipien, also Schutzmöglichkeiten, eine ruhige Umgebung und positive Assoziationen mit schmackhaften Leckerbissen, lassen sich genauso anwenden, wenn Sie versuchen, Harrison oder jedes andere Kaninchen in Ihrem Haus einzuführen, ob er nur ein gelegentlicher abendlicher Besucher sein oder ein Wohnungskaninchen werden soll.

Angstaggression

Verängstigte Kaninchen können drei verschieden Verhaltensweisen zeigen. Die erste Option besteht im Erstarren. Sie kauern sich entweder zusammen, um außer Sichtweite zu bleiben, oder sie bleiben still und versuchen so zu vermeiden, die Aufmerksamkeit eines Raubtieres auf sich zu lenken, von denen viele, etwa Hunde und Katzen, durch Bewegung zur Verfolgung animiert werden und ein unbewegliches Kaninchen nicht bemerken können. Falls das Raubtier zu nahe herankommt, wird das Kaninchen fliehen und sich in Richtung des nächsten Loches davonmachen. Diese zweite Option ist eine »Fluchtreaktion«. Falls das Kaninchen nicht fliehen kann, weil es zum Beispiel mit einem Netz gefangen oder in einem Stall in die Ecke gedrängt wurde, dann wird es sich auf Aggression verlegen, die »Kampfreaktion«.

Frage

Vor kurzem habe ich meinem Sohn Sam zu seinem zwölften Geburtstag ein junges Widderböckchen geschenkt. Er wollte schon immer ein Kaninchen haben, und wir meinten, dass er nun alt genug ist, um die Verantwortung für ein eigenes Haustier zu übernehmen. Ich kaufte das Kaninchen mit Namen Sloppy, als es 12 Wochen alt war, direkt von seinem Züchter. Es schien ein nettes, ruhiges, freundliches Kaninchen zu sein, und ich freute mich darauf, meinen Sohn und seinen neuen Freund zusammen zu sehen.

Die Geschichte entwickelte sich jedoch nicht so, wie ich mir erhofft hatte. Das Kaninchen wurde bisher in einem Stall gehalten, der an ein geräumiges Gehege angeschlossen ist. Tagsüber hat er freien Zugang hinein, wird jedoch nachts in seinem Stall eingeschlossen. Ich hatte noch nie Probleme, ihn hochzunehmen oder mit ihm umzugehen, aber meinen Sohn und meine Frau hasst er abgrundtief. Wenn sie ihre Hände in seinen Stall stecken, stürzt er sich auf sie und beißt sie auch, wenn er die Chance dazu hat. Erst neulich hat er es geschafft, meinem Sohn arge Verletzungen beizubringen. Der Junge ging, um Sloppy in seinen Stall zu bringen. Das Kaninchen befand sich unter dem Stall, und Sam legte sich hin und griff darunter, um es zu fassen. Sloppy fiel seinen Arm an, biss fest zu und ließ ihn nicht wieder los. Gleichzeitig trat er mit seinen Hinterbeinen gegen Sams Arm und brachte ihm so mehrfache Schnittwunden bei. Wir wissen aber, dass Sloppy auch eine freundliche, liebenswürdige Seite hat und wir würden ihm gerne noch eine Chance geben. Warum ist er so und können wir irgendetwas tun? Er ist jetzt zehn Monate alt. Ist es schon zu spät?

Antwort

Die selektive Aggression, die Sloppy an den Tag legt, lässt vermuten, dass er in seinen ersten Lebenswochen nicht richtig sozialisiert wurde. Möglicherweise hatte er kaum oder gar keinen Kontakt mit Frauen oder Kindern, als er bei seinem Züchter lebte. Ist dies der Fall, dann sieht er wahrscheinlich Frauen und Kinder nicht als vertraut an und hat daher Angst vor ihnen.

Er hat außerdem gelernt, dass er nicht aus dem Stall und dem Gehege fliehen kann und dass ein Erstarren in der Gegenwart von Menschen nur zur Folge hat, dass er angefasst wird. Daher ist die Aggression für ihn zu einer funktionierenden Bewältigungsstrategie geworden. Durch das Zeigen von Aggression sorgt er erfolgreich für den Rückzug des Angst einflößenden Reizes, der Hand.

Befestigen Sie die Babybürste an einem Stab.

Ich denke, es gibt Möglichkeiten, dieses Verhalten zu ändern. Von Ihrer Frau und von Sam wird jedoch Geduld gefordert sein. Sie werden eine weiche Babybürste, einen etwa 45 cm langen Stab und reichlich von Sloppys Lieblings-Leckerchen benötigen. Sie werden sich außerdem auf ein Stichwort für Sloppy einigen müssen, zum Beispiel »hoch«, was bedeutet, dass er gleich hochgehoben wird und sich darauf vorbereiten kann. Hochgehoben zu werden kann an sich schon recht beängstigend sein und ist etwas, das die meisten Kaninchen gar nicht mögen. Es muss sich für sie so anfühlen, als würde man in einem Hochgeschwindigkeitsaufzug hochgeschossen oder mit einem kleinen Flugzeug abheben, ziemlich aufwühlend, wenn man sich fühlt, als hätte sich gerade der eigene Magen umgedreht.

Befestigen Sie die Babybürste an einem Stab. Wenn Sloppy sich in seinem Stall befindet oder vorzugsweise in seinem Gehege, fangen Sie an, ihn sanft mit der Bürste am Kopf zu streicheln, dann allmählich am Rücken und am Brustkorb. Die ganze Zeit über reden Sie leise mit ihm und sagen »Sloppy, hoch.« Lassen Sie Sloppy gleichzeitig einen Berg voller Lieblingssachen wie Löwenzahnblätter verdrücken. Falls er sich umdreht, um in die Bürste zu beißen, bürsten Sie einfach weiter und bewegen Sie die Bürste vielleicht zurück nach oben zu seinem Kopf. Auf diese Weise wird Sloppy lernen, dass Beißen keine Wirkung hat. Wiederholen Sie diese Prozedur immer wieder jeweils für nur einige Minuten.

Nach einem Zeitraum von einigen Tagen wird Sloppy entspannter werden, und Sie können anfangen, den Stab kürzer zu machen, ihn schließlich entfernen und dann nur noch die Bürste in der Hand halten. Und schon bald werden Sie auch die Bürste weglassen und ihn mit Ihrer Hand streicheln können. Beginnen Sie allmählich, sanft sein Hinterteil ein paar Zentimeter vom Boden anzuheben und setzen Sie es wieder ab. Kommt er damit zurecht, dann fangen Sie an, ihn mit seinen Leckerchen auf Ihren Schoß zu locken. Die letzte Stufe besteht darin, ihn sanft, aber sicher festzuhalten, wenn er sich auf Ihrem Schoß befindet, und ihn dann hochzuheben.

Es ist wichtig, ein Kaninchen so festzuhalten, dass sein Körpergewicht gestützt wird und es sich sicher fühlen kann. Oft wird es lieber seinen Kopf in Ihrer Armbeuge verstecken wollen. Wenn es sich um ein kleines oder lebhaftes Kaninchen handelt, bedecken Sie seine Augen mit Ihrer Hand und gehen Sie sicher, dass Sie es mit Ihren Fingern zwischen den Vorderpfoten stützen. Große Kaninchen müssen von einer ganzen Hand unter ihrem Brustkorb gestützt werden. Der Körper des Kaninchens sollte von der gesamten Länge Ihres anderen Armes abgestützt und fest, aber sanft gegen Ihren Körper gehalten werden. Wenn Sie sich nicht sicher sind, bitten Sie Ihren Tierarzt oder einen erfahrenen Kaninchenhalter, es Ihnen zu zeigen. Und bitte denken Sie daran, dass die Ohren eines Kaninchens nicht als Tragegriffe gedacht sind.

Anorexie

Kaninchen hören aus einer Vielzahl von Gründen auf zu fressen und verlieren an Gewicht. In den meisten Fällen gibt es hierfür eine körperliche Ursache. Für viele Kaninchen kann traurigerweise nur noch wenig getan werden, da ihre Halter oft erst bemerken, dass es ein Problem gibt, wenn es schon zu spät ist. Es ist wichtig, Ihr Kaninchen wöchentlich auf seine Gesundheit zu kontrollieren, indem Sie es wiegen und notieren, wenn sich etwas verändert. Der Zustand von Kaninchen kann sich sehr schnell verschlechtern und promptes Handeln kann oft zwischen Leben und Tod entscheiden. Falls Ihnen das Kaninchen irgendwelche Sorgen macht, bringen Sie es zur Untersuchung zum Tierarzt.

Das Kaninchen kann an einer Virus- oder Bakterieninfektion leiden. Parasiten im Körper, beispielsweise Würmer, oder auf der Haut, etwa Flöhe und Zecken, können ein Kaninchen so schwächen, dass es sich zu unwohl zum Fressen fühlt. Auch einem Kaninchen, das etwas Giftiges gefressen hat, kann zu übel sein, um richtig zu fressen. Vergiftung oder selbst eine rapide Ernährungsumstellung können Durchfall zur Folge haben, durch den das Kaninchen austrocknen kann. Ein ausgetrocknetes Tier wird nichts fressen; in diesem Zustand braucht es Wasser mehr als Nahrung.

Die häufigste Ursache für Anorexie bei Kaninchen ist eine Zahnfehlstellung, bei der die Zähne nicht richtig angeordnet sind. Die Zähne des Kaninchens wachsen sein ganzes Leben lang ständig nach und müssen täglich abgenutzt werden. Unter natürlichen Bedingungen geschieht das, wenn das Kaninchen mit seinen Vorderzähnen Gräser durchbeißt und sie mit den Backenzähnen zermahlt, bevor es sie hinunterschluckt.

Leider benutzen Kaninchen, die hauptsächlich mit handelsüblichem Kaninchenfutter ernährt werden, ihre Zähne nicht richtig. Anders als Gras, das von den Backenzähnen zermahlen werden muss, werden die Pellets zerstoßen. Dieses Zerstoßen nutzt die Backenzähne nicht schnell genug ab, um ein übermäßiges Wachstum zu verhindern. Als Folge können sie eine Fehlstellung einnehmen und damit auch eine Fehlstellung der Schneidezähne nach sich ziehen.

Wo die Backenzähne sich nicht mehr gegenseitig abnutzen, entwickeln sich scharfe Kanten, die sich in die Wange oder die Zunge bohren und Fleischwunden oder Geschwüre verursachen, die natürlich äußerst schmerzhaft sind. Stellen Sie sich nur einmal vor, wie Sie sich fühlen, wenn Sie sich aus Versehen auf die Zunge gebissen haben. Bei Kaninchen mit einer Zahnfehlstellung heilen die Wunden auf der Zunge nicht ab, sondern werden sogar jedes Mal verschlimmert, wenn das Kaninchen ein Maul voll Futter kaut. Die Fleischwunden können sich entzünden und noch weiter zum Elend des Kaninchens beitragen. Es überrascht nicht, dass der Schmerz das Kaninchen dann vom Fressen abhält.

Oft ist es notwendig, Kaninchen die Vorderzähne zu kürzen. Neuere Untersuchungen haben jedoch gezeigt, dass das Kürzen der Vorderzähne an sich die Situation noch verschlimmern kann, weil die Zähne dadurch brechen oder zurück in den Kopf wachsen können. Manchmal hat das eine Blockierung der Tränendrüsen zur Folge, was wiederum zu einer Entzündung des Gewebes rund um das Auge führen kann, auch als Bindehautentzündung bekannt. Für ein Kaninchen in einem solchen Zustand kann nur wenig getan werden, außer es human einzuschläfern.

Das Kürzen der Vorderzähne wird das Problem nicht vollständig lösen, wenn sich an den Backenzähnen böse, scharfe Kanten befinden, die nicht mitbehandelt werden. Es ist auch nicht einfach, diese Kanten bei einem wachen Kaninchen zu sehen. Um die Backenzähne zu kürzen oder abzufeilen, ist eine Vollnarkose notwendig. Da die Zähne weiterwachsen, wird ein Kaninchen womöglich regelmäßig operiert werden müssen, was nicht ohne Risiko ist, oder ihm müssen alle Zähne gezogen werden – auch keine angenehme Option. Kaninchen können tatsächlich ohne Zähne fressen und überleben, deshalb meinen Sie vielleicht, das Ziehen aller Zähne Ihres Kaninchens würde das Problem zumindest ein für alle Mal lösen. Doch von ethischen Bedenken einmal abgesehen, ist das Ziehen aller Zähne eine schwierige Prozedur und nicht immer zu 100 Prozent erfolgreich. Selbst nur ein winziges Stückchen versehentlich nicht entfernten Zahngewebes kann zur Folge haben, dass sich ein neuer Zahn bildet, und dieser neue Zahn wächst dann womöglich nicht in die richtige Richtung, sondern kommt seitlich oder hinter einem Auge heraus. In der Folge muss das Kaninchen meist eingeschläfert werden.

Zahnprobleme können bei allen Kaninchen auftreten, obwohl sie oft schneller bei den kleineren Zwergrassen entstehen. Grund hierfür ist, dass die Zähne bei diesen Tieren zwar genauso schnell wachsen, aber, da der Kopf so viel kleiner ist, jede Fehlstellung viel früher eine erkennbare Auswirkung hat. Traurigerweise ist die Zucht von Zwergtieren, ob bei Kaninchen oder bei Hunden, immer mit Problemen verbunden.

Es gibt eine einfache Methode, dieses Problem zu verhindern. Sorgen Sie einfach dafür, dass der Großteil der Nahrung Ihres Kaninchens aus Heu oder frischem Gras, Obst und Gemüse besteht. Falls Sie ihm handelsübliches Futter geben möchten, tun Sie dies nur sparsam. Das gilt für Wohnungskaninchen genauso wie für jene, die in Ställen und Gehegen gehalten werden.

Denken Sie daran: KANINCHEN FRESSEN GRAS – und sie werden großen Nutzen daraus ziehen. Gras, entweder frisch oder getrocknet als Heu, wird sie mit allen Nährstoffen versorgen und ihre Zähne gesund halten. Falls Sie daran zweifeln, ob das wirklich so nahrhaft ist, denken Sie daran, wie große Pferde, Rinder und sogar Büffel einfach wachsen, indem sie nur Gras fressen.

Vielleicht mutmaßen Sie, Gras sei nicht besonders schmackhaft und Ihr Kaninchen würde sich irgendwann langweilen. Das mag auch sicher stimmen, wenn Sie Heu aus Monokulturen kaufen, das außerdem vielleicht nicht vollkommen ausgewogen ist. Wenn Sie Heu aus biologischem Anbau kaufen, wird sich darin eine Reihe unterschiedlicher Gräser und Kräuter finden, es wird voller verschiedener Geschmacksrichtungen sein, die Kaninchen lieben, und ausgewogene Nährstoffe und keine potenziell gefährlichen Herbizide oder Pestizide enthalten, die auf lange Sicht die Gesundheit Ihres Kaninchens beeinträchtigen könnten. Meine eigenen Kaninchen wurden nur selten mit handelsüblichem Futter gefüttert, sondern erhielten Heu, frisch gepflücktes (nicht gemähtes) Gras, Kreuzkraut *(Senecio vulgaris)*, Löwenzahn *(Taraxacum officinale)* und Möhren. Ich kann ehrlich sagen, dass sie nie Zahnprobleme hatten und sieben Jahre oder älter wurden.

Ich sollte noch hinzufügen, dass es Beweise für eine ererbte Anfälligkeit für Zahnfehlstellungen gibt. Überprüfen Sie auf jeden Fall beim Züchter, ob es bei seinen Tieren ein solches Problem gibt. Falls ja, schlage ich vor, Ihr Kaninchen anderswo zu kaufen.

Anregung

Forschungen haben gezeigt, dass zu wenig zu tun zu haben genauso stressvoll sein kann wie zu viel zu tun zu haben. Einer der Hauptaspekte des Tierschutzes ist es immer gewesen, Wege zu finden, um das Leben von Tieren auf Farmen, in Zoos und in Labors zu verbessern. Bisher ist nur wenig davon in die Welt der Haustiere vorgedrungen, obwohl vieles durchaus umsetzbar ist.

Der Standardkaninchenkäfig, der in Zoohandlungen verkauft wird, ist zu klein und wirklich ziemlich langweilig, ohne Etagen mit einem kleinen Schlafbereich und einem nur etwas größeren Wohnbereich. Das ist alles, auf das sich viele Kaninchen für ihr gesamtes Leben freuen können. Kaninchenzüchter halten ihre Kaninchen oft in Käfigreihen, ein Käfig über dem anderen. Die Kaninchen sehen womöglich wenig mehr als ihren Käfig, ihre Transportbox und den Tisch auf der Kaninchenschau. Kaninchen, die wegen ihres Fleisches gehalten werden, erhalten in der Regel nicht viel Platz und werden oft auf perforierten Böden gehalten, durch die ihr Kot fallen kann, damit die Reinigung einfacher ist. Tatsächlich rührt die traditionelle Form der Kaninchenhaltung aus den Anforderungen des kommerziellen Kaninchenzüchters her, ob für Fleisch, Pelz oder für Schauen. Ich hoffe,

Denken Sie sich neue Unterhaltungsmethoden für Ihr Kaninchen aus.

dass die sich vollziehende Änderung unserer Denkweise über Kaninchen und das, was wir jetzt über ihr Verhalten wissen, sowohl zur kommerziellen als auch zur Haustierhaltung durchdringen werden. Die meisten Haustierhalter werden sagen, dass sie ihr Kaninchen gern haben, wenn nicht sogar lieben, und wünschen ihm nur das Beste. Traurigerweise bedeutet dies aber nicht, dass sie ihr Kaninchen auch verstehen; sie folgen tendenziell den Ratschlägen der »Fachleute«, von denen sich viele mehr als hundert Jahre lang nicht geändert haben.

Wir können das Leben für unsere Kaninchen interessanter gestalten und damit auch aus unseren Kaninchen selbst interessantere Lebewesen machen, an denen wir uns erfreuen können.

Die sterile Umgebung der meisten Käfige und Gehege kann sehr leicht und preiswert bereichert werden. Es macht auch Spaß, sich neue Unterhaltungsmethoden für das Kaninchen auszudenken. Röhren, in denen die Kaninchen sitzen und auf denen sie stehen können (siehe *Agoraphobie*, S. 6), Leisten, Baumstümpfe, Holzscheite zum Knabbern, Heu in einer Heuraufe und aufgehängtes Futter wie Apfelbaumzweige und Möhren können alle zur Bereicherung der Umgebung dienen. Bieten Sie den Kaninchen mentale Abwechslung, indem Sie von Zeit zu Zeit neue Gegenstände wie Pappkartons, Toilettenpapierrollen oder einen harten Plastikball hinzufügen. Spielzeug für Katzen, etwa Hindernisläufe mit Rampen und Tunneln, oder Katzenbälle mit Glocke, und das Holz- oder Hartplastikspielzeug für Papageien können ebenfalls für Ihr Kaninchen geeignet sein. Sorgen Sie auf jeden Fall dafür, dass keiner der Gegenstände, wie Zweige und Äste, mit Pestiziden behandelt, lackiert oder auf irgendeine Art und Weise konserviert wurde. Falls Sie sich nicht sicher sind, ob ein Spielzeug für Ihr Kaninchen giftig sein könnte, fragen Sie den Händler oder nehmen Sie Kontakt mit dem Hersteller auf. Achten Sie außerdem auf kleine Plastikteile, die das Kaninchen verschlucken könnte. Kaninchen lieben es, an Joghurtbechern und Plastikblumentöpfen zu knabbern, aber ich empfehle, sie das nur tun zu lassen, wenn Sie sie dabei beaufsichtigen.

Denken Sie daran, dass Veränderungen nur allmählich vorgenommen werden sollten, falls Ihr Kaninchen vorher in einer weniger stimulierenden Umgebung gelebt hat.

Anthropomorphismus

Anthropomorphismus findet statt, wenn wir einem Tier menschliche Eigenschaften zuschreiben. Kaninchen haben runde Köpfe und Körper sowie große Augen. Diese Proportionen ähneln denen menschlicher Babys und scheinen charakteristische Eigenschaften zu sein, von denen wir uns von Natur aus angezogen fühlen und auf die wir reagieren. Durch den Prozess der Domestizierung haben wir die »menschenähnlichen« Eigenschaften verstärkt, insbesondere bei Hunderassen, die vor allen Dingen als Gefährten gedacht sind, etwa der Pekinese oder der Cavalier King Charles-Spaniel. Wir haben sie außerdem bei vielen Kaninchenrassen verstärkt. Die herabhängenden Ohren der Widderkaninchen betonen die runde Kopfform. Die winzigen Ohren der Zwergrassen mit ihrem kompakten kleinen Körper haben einen ähnlichen Effekt. Das lange Fell der Kaschmir- und Angorakaninchen verkörpert das »flauschige Babykaninchen«.

Das ist alles schön und gut, solange wir daran denken, dass unser Kaninchen bei alldem noch immer ein Kaninchen ist, egal wie es aussieht, und wir uns über unser Handeln im Klaren sind. Es ist schön, wenn Sie Ihr Kaninchen als Teil Ihrer Familie, als guten Freund und Vertrauten betrachten, aber denken Sie immer daran, dass er oder sie immer noch ein Kaninchen ist, sich wie ein Kaninchen verhalten wird und eine artgerechte Nahrung benötigen wird. Manchmal vergessen wir diese einfache Tatsache und erwarten von unseren Kaninchen, so zu handeln, wie wir aus unserer menschlichen Perspektive denken, dass sie handeln sollten. Wir vergessen die einfachen Dinge, etwa, dass ein Kaninchen ein Beutetier ist und die Welt aus einem anderen Blickwinkel sieht. Solche anthropomorphischen Missverständnisse können eine Basis für Problemverhalten bilden.

Aufregung

Kaninchen können sehr leicht erschreckt werden. Das gilt für alle Kaninchen, jedoch besonders für jene, die in einer wenig stimulierenden Umgebung gehalten wurden und daher eine niedrige Toleranzschwelle für Neues haben. Wenn ihm Platz dafür zur Verfügung steht, wird ein erschrecktes Kaninchen zurück an einen sicheren Ort laufen. Falls es dies nicht tun kann und sich in der Falle sieht, kann es in Panik ausbrechen und sich verletzen. Dies könnte beispielsweise einem Kaninchen passieren, das von gut meinenden, aber ungestümen, lauten Kindern in die Ecke gedrängt wurde. Ebenso könnte es sich von einem ungewöhnlich heftigen Gewitter oder dem Besuch eines lauten, nicht an Kaninchen gewöhnten Hundes bedroht fühlen. Das Kaninchen kann plötzlich umfallen und an einem Herzanfall sterben oder sich, in seinem Versuch zu fliehen, gegen die Wände seines Käfigs werfen oder versuchen, aus seinem Gehege herauszuspringen, wobei es vielleicht unglücklich landet und sich das Rückgrat bricht. Falls es in einer solchen Aufregung eingefangen wird, kann das Kaninchen heftig mit seinen Hinterbeinen treten, und auch hier besteht die Gefahr, dass es sich das Rückgrat bricht. Viele Brüche treten direkt vor dem Beckenboden auf und werden dadurch verursacht, dass das Kaninchen gegen ein festes Objekt tritt. Natürlich können Knochen eher brechen, wenn sie schwach oder deformiert sind, was häufig bei Kaninchen der Fall ist, die in geschlossenen Ställen gehalten werden, die so klein sind, dass sie sich nicht voll ausstrecken oder sich frei bewegen können. Auf lange Sicht haben solche Zustände eine Deformierung der Wirbelsäule zur Folge. Und ich vermute, dies ist traurigerweise bei der überwiegenden Mehrheit der Kaninchen der Fall, die als Haustiere gehalten werden.

Es gibt viele Lösungsmöglichkeiten. Machen Sie Ihr Kaninchen mit vielen Geräuschen und Objekten bekannt, damit es nicht so leicht erschrickt. Gehen Sie häufig und sanft mit ihm um. Seien Sie ruhig und bewegen Sie sich langsam. Geben Sie ihm artgerechtes Futter und genug Freiraum, damit es richtig wachsen und in bester Verfassung bleiben kann. Und freuen Sie sich auf eine lange und glückliche Freundschaft mit Ihrem Haustier.

Ausgelassenheit

Oft werde ich gefragt: »Warum rast mein Kaninchen urplötzlich wie wild in seinem Gehege herum?« oder im Falle von Wohnungskaninchen »im Zimmer herum«. Diese verrückten fünf Minuten des Kaninchens finden tendenziell in den frühen Morgenstunden oder abends statt, wenn Kaninchen von Natur aus aktiver sind, da sie dämmerungsaktive Geschöpfe sind. Deutlicher zeigt es sich außerdem bei jungen Kaninchen, die noch lebhaft sind und vor Lebensfreude sprühen. Das heißt nun nicht, dass ältere Kaninchen sich solchen verrückten Momenten nicht hingeben, doch sie tun es kürzer und nicht mit derartiger Begeisterung. Genau wie ich, würde ich sagen.

Für Kaninchen ist es biologisch sinnvoll, sich fit zu halten, da ein fittes Kaninchen mit größerer Wahrscheinlichkeit am Leben bleibt. Ab und zu Aerobic-Übungen zu machen, ist da hilfreich. Natürlich könnte man immer annehmen, dass das Kaninchen einfach nur Spaß hat. Und das scheint wohl auch der Fall zu sein. Aber wer kann das schon behaupten, bis wir nicht die Kaninchensprache sprechen oder Dr. Doolittle finden?

Aversion

Kaninchen sind vorsichtige Tiere, und das müssen sie auch sein: Wenn Sie ein Beutetier sind, haben Sie nur selten die Chance, Ihre Fehler zu korrigieren. Eine grundlegende Kaninchen-Lebensregel lautet daher: Wenn dir etwas seltsam vorkommt, pass auf, es könnte Gefahr bedeuten. Gleichzeitig sind sie jedoch voller Neugier und werden ihre Umgebung gründlich erforschen, solange sie sich sicher fühlen. Daher ist es wichtig, Ihr Kaninchen auf eine Weise mit Neuem bekannt zu machen, bei der es sich sicher fühlt.

Frage

Ich bin mir nicht sicher, ob das Problem, das ich mit meinem Kaninchen habe, sein oder mein Problem ist. Ich habe ein Holländer-Kaninchen namens Jeeves. Er macht sehr viel Spaß, tendiert aber dazu, mit Änderungen nicht so gut klarzukommen. Er hatte einen Käfig in meinem Wohnzimmer, hat aber Freilauf in meiner Erdgeschosswohnung. Mein Problem besteht darin, dass ich ein frustrierter Innenarchitekt bin und es liebe, regelmäßig meine Möbel umzustellen oder neu zu renovieren. Jedes Mal scheint Jeeves sich dann in seinem Käfig zu verkriechen, und wenn er sich dann einmal herauswagt, klopft er beim kleinsten Geräusch oder bei der geringsten Bewegung mit den Hinterbeinen und hastet zurück in seinen Käfig. Wenn ich auch seinen Käfig umstelle, scheint er sogar noch beunruhigter zu sein. Bin ich grausam, weil ich meiner Gewohnheit nachgebe, meine Umgebung zu verändern? Was kann ich tun, damit es für Jeeves weniger traumatisch wird?

Antwort

Dies ist ein wunderbares Beispiel für den Unterschied zwischen uns Primaten und vielen anderen Tierarten. Die meisten Tiere gewöhnen sich nicht leicht an eine Veränderung ihrer Umgebung und für eine Beutetierart wie das Kaninchen gilt das ganz besonders. Das Überleben des Kaninchens hängt von der genauen Kenntnis seiner Umgebung ab, damit es rasch auf vertrauten Wegen davonrennen kann, um einem Raubtier zu entkommen. Bei Spaziergängen auf dem Lande haben Sie vielleicht schon einmal deutlich erkennbare Kaninchenstraßen durchs Gestrüpp bemerkt, bei denen es sich um Autobahnen zurück zum sicheren Bau handelt.

Wenn wir in einem Zimmer die Möbel umstellen, können wir leicht die neue Anordnung erkennen und feststellen, dass es sich immer noch um dasselbe Zimmer handelt. Wir haben im wahrsten Sinne des Wortes den »Über«blick. Aus der Perspektive des Kaninchens sieht das Zimmer vollkommen anders aus. Um zu verstehen, was ich meine, legen Sie sich einmal auf den Boden und sehen Sie sich das Zimmer aus Kaninchenhöhe an. Falls Sie neue Möbelbezüge angebracht oder neu gestrichen haben, riecht das Zimmer noch nicht einmal mehr genauso, was aus Kaninchensicht sogar noch schlimmer ist. Wie überaus verwirrend und Besorgnis erregend für Jeeves. Es ist keine Überraschung, dass er im vergleichbar sicheren Käfig mit seinen wohl bekannten Gerüchen bleibt. Wenn Sie auch noch den Käfig umstellen, ist er noch desorientierter, da ihm unklar ist, wie er dorthin zurückkehren soll.

Sie haben angemerkt, dass er während dieser Zeit besonders empfindlich für plötzliche Geräusche und Bewegungen zu sein scheint, dann immer klopft und sich in seinen Käfig zurückzieht. Aus Jeeves' Sicht hat sich die Welt verändert; was in seiner alten Umgebung ein unbedrohliches Geräusch gewesen sein mag, könnte in der neuen Umgebung Gefahr bedeuten. Er wird daher keine Risiken eingehen, klopft als Warnung und rennt in Sicherheit.

Wenn Sie so wie ich sind, dann findet die Umgestaltung eines Zimmers in einem gewaltigen Wisch statt. Stühle und Tische werden verschoben, Teppiche neu platziert und Deko-Objekte ausgetauscht. Leider ist das gar nicht kaninchenfreundlich. Ich finde nicht, dass Sie nun aufhören sollten, Ihrer Liebe zur Veränderung nachzugeben, aber tun Sie es auf eine Weise, bei der Jeeves sich sicher fühlen kann. Das bedeutet, die Dinge nur schrittweise zu verändern und Jeeves somit zu erlauben, immer nur einen Aspekt der neuen Anordnung auf einmal zu erforschen und damit vertraut zu werden. Stellen Sie wenn möglich nicht seinen Käfig um, aber wenn es sein muss, dann tun Sie es schrittweise und bewegen Sie ihn immer nur einen Fußbreit auf einmal weiter. Sie brauchen vielleicht mehrere Tage, um Ihr Zimmer umzuschichten, aber denken Sie an die Vorfreude auf das Endergebnis und ein sicheres und zufriedenes Kaninchen, mit dem Sie es teilen können.

Babys

Frage
Ich hatte bisher noch nie ein Kaninchen. Jetzt habe ich aber die Gelegenheit, einem Kaninchen ein gutes Zuhause zu geben. Ich würde gerne ein Babykaninchen kaufen und habe Zwergwidder in mein Herz geschlossen. Ich habe schon viele in Zoohandlungen gesehen, bin mir aber nicht sicher, ob das der richtige Ort ist, um eines zu kaufen. Könnten Sie mir bitte einen Rat geben? Vielleicht möchten ich später selbst Kaninchen züchten, und ich würde mich über eine Beratung freuen, wie ich sie auf ein neues Zuhause vorbereiten kann.

Antwort
Ich persönlich mag es nicht, wenn Tiere in Zoohandlungen verkauft werden. Ich denke, dass es für das Tier besser ist, den schwierigen Prozess der Eingewöhnung in ein neues Zuhause nur einmal durchlaufen zu müssen, nämlich von seinem Geburtsort in eine neue, permanente Heimstätte. Das gilt gleichermaßen für Katzen, Hunde, Kaninchen und jede andere Tierart. Zoohandlungen können Ihnen nur selten zuverlässige Informationen über die Herkunft ihres Tierbestandes geben. Beispielsweise haben sie keine Ahnung, ob die Eltern gesund und verträglich waren. Wir wissen, dass Tiere von ihrem genetischen Erbe und ihrer frühen Umgebung beeinflusst werden. Oft wird berichtet, dass Kaninchenjunge aus Zoohandlungen an chronischem Durchfall leiden. Das ist wahrscheinlich teilweise auf die Nahrungsumstellung sowie auf den Stress beim Transport und das Leben in einer

lauten Zoohandlung zurückzuführen. Nein, es ist weitaus wünschenswerter, ein Tier direkt bei seinem Züchter zu kaufen und es selbst auszusuchen und abzuholen. Kaufen Sie kein Haustier, das Ihnen gebracht wird, da Sie nicht wissen, woher es kommt. Mit der zunehmenden Beliebtheit von Kaninchen besteht die Wahrscheinlichkeit, dass auch die Zahl der skrupellosen Züchter zunehmen wird, die nur auf Profit aus sind. Das hat bereits bei den Hunden mit dem Aufkommen von »Welpenfarmen« stattgefunden, wo Welpen unter grausamen Bedingungen gezüchtet werden, um dann an nichts ahnende Menschen verkauft zu werden.

Falls Sie Leute kennen, die Kaninchen haben, die ihnen viel Freude machen, fragen Sie sie nach dem Namen des Züchters. Oder nehmen Sie Kontakt mit einem Tierarzt auf. Besuchen Sie auf jeden Fall den Züchter, bevor Sie Ihre Wahl treffen. Bitten Sie darum, den ganzen Tierbestand zu sehen, nicht nur den Wurf, den er verkauft. Sehen die Kaninchen entspannt und gepflegt aus? Denken Sie daran, dass glänzende, saubere Käfige nicht das Wichtigste sind. Sind die Kaninchen schreckhaft, wenn sich ein Fremder im Stall oder im Zimmer befindet? Wenn ja, dann hatten sie wahrscheinlich noch nicht viel Kontakt mit Menschen, und das Junge, das Sie mit nach Hause nehmen, könnte sehr nervös sein und kein gutes Haustier abgeben. Wie alt sind die Jungen? Es ist ratsam, ein Junges im Alter von ungefähr sechs oder sieben Wochen zu kaufen, das bereits guten Kontakt mit Menschen hatte.

Ein Jungtier, besonders eines wie das gesellige Kaninchen, muss eine Spezies- und eine Individualidentität entwickeln. Dieser Prozess ist als Sozialisierung bekannt. Falls das Tier während der empfindlichen Periode der Sozialisierung Kontakt mit Mitgliedern mehr als einer Tierart hat, dann kann sich eine multiple Speziesidentität entwickeln. Das ist bei Haustierarten bedeutsam, die ja mit Menschen, Artgenossen und möglicherweise noch weiteren Tierarten zusammenleben sollen.

Es ist nicht bekannt, in welchem Alter das Kaninchen am empfänglichsten für die Sozialisierung mit Menschen ist. Wahrscheinlich ist dies früher als bei Katzen oder Hunden der Fall, wenn man bedenkt, dass die Gesamtentwicklung in einer weitaus kürzeren Zeitspanne abgeschlossen wird. Die Sozialisierung des Hundes und der Katze scheint mit der Zeit übereinzustimmen, in der das Tier beginnt, das Nest zu verlassen, was beim Kaninchen im Alter von ungefähr zwei bis drei Wochen der Fall ist. Es gibt Anzeichen dafür, dass der menschliche Kontakt mit jungen Kaninchen im Alter von vier bis sechs Wochen diesen hilft, sich an Menschen zu gewöhnen und entsprechend ausgeglichenere, umgänglichere Haustiere zu werden.

Falls Sie planen, selbst Kaninchen zu züchten oder ein Jungtier zu kaufen, dann überprüfen Sie, ob die Jungen sozialisiert worden sind. Beim Hervorkommen aus dem Nest sollten sie sanft behandelt werden. Etwas von der Streu im Nest sollte zu diesem Zeitpunkt ebenfalls in die Hand genommen werden, so dass der Geruch übertragen und gleichzeitig einer möglichen Zurückweisung durch die Häsin vorgebeugt wird. Wenn möglich, d. h. wenn die Häsin freundlich ist, sollte auch sie angefasst werden. Dabei ist es wichtig, dass das Gewicht des Tieres voll getragen wird und dass der Kontakt ihr keine Schmerzen verursacht. Denken Sie daran, nicht auf den Brustkorb oder die Bauchgegend zu drücken und lassen Sie besondere Sorgfalt bei Jungen und Zwergrassen walten.

Der Kontakt sollte mit mehreren Menschen beider Geschlechter stattfinden, insbesondere mit den zukünftigen Haltern. Ein Kaninchen, das zum Beispiel nur Kontakt mit Männern hatte, wird Frauen und Kinder wahrscheinlich nicht als vertraut betrachten; es wäre nervös und könnte Angstaggressionen zeigen (siehe S. 78). Männer, Frauen und Kinder hören sich unterschiedlich an und verströmen unterschiedliche Gerüche und sind daher leicht voneinander zu unterscheiden.

Auch Geräusche, auf die die Kaninchen in ihrem neuen Zuhause treffen könnten, sollten ihnen vorher vorgestellt werden. Die leise Hintergrund»musik« von Waschmaschinen sowie Türklingeln, Hundebellen, Kinderlachen, Babyweinen etc. können alle den Umzug ins neue Zuhause weniger traumatisch werden lassen. Auch Gegenstände im Stall der Jungen, die von ihnen erforscht werden können, sind sinnvoll. Und wie auch in der Geschichte von Jeeves (S. 88): Die Jungen sollten nicht mit Neuheiten überschwemmt werden, immer nur ein oder zwei Dinge auf einmal. Bei den Gegenständen kann es sich um alles handeln, was ungefährlich ist, etwa Holzstücke, alte Kisten, feste Bälle oder Gegenstände, die im Haus der neuen Halter angefasst wurden oder sich dort befunden haben, damit der Geruch des neuen Zuhauses vorgestellt wird. Ziel ist, sie an Neuheiten zu gewöhnen.

Begrüßung

Zwar sind Kaninchen gesellig, sie sind jedoch auch kleine Beutetiere, und folglich ist ihr Verhalten recht subtil. Kaninchen ergehen sich nicht in den

Wenn sich die Chance ergibt, wird es mit dem Kinn Ihre Schuhe markieren ...

extravaganten Begrüßungsorgien, die wir bei Hunden sehen, noch sind sie so kontaktfreudig wie die Katze, die Sie ruft, wenn sie durch die Katzenklappe hereinkommt, einfach um dafür zu sorgen, dass Sie auf ihren Empfang vorbereitet sind und sie streicheln, wenn sie beschließt, zu Ihnen zu kommen. Doch auch Kaninchen können auf ihre eigene stille, gesetzte Weise genauso liebevoll und fordernd sein.

Zahme und gut behandelte Kaninchen werden in die Ecke ihres Stalls oder Käfigs kommen, um Sie zu begrüßen. Vielleicht geben sie dabei auch ein leises, schnurrendes Geräusch von sich und werden, wenn sich die Chance ergibt, mit dem Kinn Ihre Schuhe markieren, um Ihren Status als Familienmitglied neu zu bekräftigen (siehe *Markieren*, S. 125).

Bespritzen

In meinem Badezimmer habe ich einen Cartoon von Guy Troughton hängen, in dem ein männliches Kaninchen eine Häsin mit Urin bespritzt. Auf dem Gesicht der Häsin liegt ein verzückter Ausdruck und in der Sprechblase über ihrem Kopf steht: »Er liebt mich.«

Jedes Mal, wenn ich das sehe, muss ich schmunzeln, aber zum Glück musste ich bisher noch nie mit einem herumspritzenden Kaninchen zusammenleben.

Frage

Ich habe ein großartiges, unkastriertes männliches Kaninchen namens Beau. Er ist wirklich bildschön. Zwar liebe ich ihn sehr, was ich aber weniger liebe, ist seine Angewohnheit, ungestüm an mir vorbeizurauschen und mich absichtlich mit Urin zu bespritzen. Er macht das in den unpassendsten Momenten, zum Beispiel, wenn ich mich abends zum Ausgehen fertig mache. Haben Sie eine Idee? Zur Belustigung meines Mannes macht er das mit keiner anderen Person im Haushalt. Zum Glück hat er es noch nicht mit Gästen gemacht, auch nicht mit dem Pfarrer.

Antwort

Da Beau sein Verhalten nur auf Sie zu richten scheint, entsteht der Eindruck, dass Sie seine auserwählte Partnerin sind. Da er besonders dazu neigt, wenn Sie ausgehen, könnte Ihr Parfüm der Auslöser sein, vorausgesetzt, dass Sie nicht immer Parfüm tragen, wenn Sie gerade nicht ausgehen wollen. Parfüm enthält echte oder synthetische Substanzen, die den Pheromonen ähneln, die wir bei sexueller Erregung ausströmen. Ich habe schon von einem Kaninchen gehört, das seine Halterin nur zu bestimmten Zeiten während ihres Menstruationszyklus bespritzte. Dieses Bespritzen ist hormongesteuert, und es gibt dafür leider nur eine Lösung, nämlich, Beau kastrieren zu lassen. Hierdurch sollte die Wahrscheinlichkeit, dass er herumspritzt,

Zum Glück hat er es auch noch nicht
mit Gästen gemacht, auch nicht mit dem Pfarrer.

entscheidend sinken, wenn nicht sogar vollkommen aufhören. Natürlich können Sie vielleicht erst einmal mit Ihrem Parfüm experimentieren und es erst auftragen, nachdem Sie das Haus verlassen haben. Alternativ können Sie Beau in seinen Käfig sperren, bevor Sie sich zum Ausgehen fertig machen. Dann allerdings wäre er natürlich ziemlich frustriert, seinen Wünschen keinen Ausdruck verleihen zu können, so dass eine Kastration vielleicht rücksichtsvoller wäre.

Als kleine Anmerkung sollte ich noch darauf hinweisen, dass auch einige Weibchen herumspritzen, obwohl es sich um ein vorwiegend männliches Verhalten handelt. Auch hier kann die Kastration dieses Verhalten merklich verringern.

Bestrafung

Frage
Ich habe herausgefunden, dass meinem Hund, wenn er etwas Falsches tut, durch Anschreien oder sogar einen Klaps auf die Nase beigebracht wird, wie er sich verhalten soll. Ist es angemessen, das gleiche bei meinem Kaninchen zu machen, wenn es etwas Ungezogenes tut, z. B. Knabbern an Kabeln?

Antwort
Bestrafung ist ein schwieriges Wort. Es impliziert vor allem körperliche Gewalt, die nun wirklich nicht angemessen ist. Wir alle brauchen von Natur aus an einem bestimmten Punkt in unserem Leben eine Korrektur, aber ich befürworte keine direkte körperliche Bestrafung für Kaninchen und auch nicht für Hunde. Einem Tier einen Klaps auf die Nase zu geben, kann für unterschiedliche Menschen und unterschiedliche Tiere unterschiedliche Bedeutungen haben. Einige Hunde beispielsweise rächen sich vielleicht oder werden vor Angst aggressiv, wenn Ihre Hände sich in der Nähe ihres Gesichtes befinden. Gleichermaßen kann die körperliche Verwarnung eines Kaninchens bewirken, dass es Angst bekommt, wenn man sich ihm nähert, und man so die Grundlage für eine zukünftige Angstaggression schafft (siehe S. 78).

Eine weitaus bessere Form der Korrektur besteht darin, dem Kaninchen beizubringen, ein bestimmtes Signal, etwa »Klopfer, nein« mit einem unangenehmen Ergebnis zu assoziieren. Ein Wasserspritzer ist schockierend, aber harmlos und klappt hervorragend (siehe *Verlangen nach Aufmerksamkeit*, S. 148 und *Nagen*, S. 129). Der zusätzliche Vorteil besteht darin, dass er aus einiger Entfernung abgeschossen werden kann und daher nicht direkt mit Ihnen assoziiert wird. So wird das Kaninchen nicht lernen, Angst davor zu haben, wenn man sich ihm nähert, es berührt oder es hochnimmt.

Beziehungen

Wir haben in diesem Buch gesehen, dass Kaninchen gesellige Tiere sind, die Individuen ihrer eigenen und anderer Spezies erkennen, mit ihnen Beziehungen eingehen und einander recht zugetan sein können. Da sie gesellige Tiere sind, mögen sie Gesellschaft und werden oft eine besondere Beziehung mit einem bestimmten Individuum eingehen. Zum Beispiel kann Ihr eigenes Kaninchen Ihnen im Haus oder im Garten hinterherlaufen. Es macht sein eigenes Ding, frisst Gras, erkundet den Raum oder legt sich sogar hin, wird Ihnen aber folgen, sobald Sie sich fortbewegen.

Auch Menschen bilden Beziehungen mit anderen. Wir haben unterschiedliche Beziehungen zu unterschiedlichen Menschen und zu unseren Tieren und sie unterscheiden sich in Qualität und Intensität. Wir haben Arbeitskollegen, Freunde, mit denen wir abends ausgehen, Familienmitglieder, mit denen wir vertrauter sind, und Haustiere. Die Beziehungen zu unseren Haustieren können uns sehr wichtig sein. Haustiere können uns emotionale Unterstützung geben, die wir von anderen Menschen nicht immer unbedingt erhalten. Sie geben uns das, was als »bedingungslose Liebe« bekannt ist: Sie freuen sich immer, uns zu sehen, egal wie wir aussehen oder wie wir uns fühlen oder was wir tun, so lange es nicht bösartig ist. Mein Hund zum Beispiel hätte jetzt gerade wahrscheinlich lieber, dass ich mit ihm spazieren gehe, aber er scheint recht zufrieden damit zu sein, an meinen Füßen zu liegen, während ich dies schreibe. Aus meiner Sichtweise ist dies ein sehr lohnendes Verhalten seinerseits, das ich auch »Hingabe« nennen kann.

Alle Arten von Haustieren können uns dieses Gefühl vermitteln, geliebt zu werden, und handeln als emotionale Stütze. Wir neigen offensichtlich dazu, intensivere Beziehungen mit Tieren einzugehen, mit denen wir besser kommunizieren können, im Allgemeinen gesellige Tiere mit recht komplexen visuellen Kommunikationssystemen, etwa Hunde, Katzen, Pferde und Kaninchen.

Es hat sich erwiesen, dass eine gute Beziehung zu einem Tier auch gesundheitliche Vorteile mit sich bringen kann. Das Streicheln von Tieren, die wir als freundlich wahrnehmen, kann unseren Blutdruck senken und Stressgefühle abbauen. Die Tierhaltung kann uns helfen, uns weniger einsam zu fühlen. Dieser Aspekt wird von manchen Wohltätigkeitseinrichtungen genutzt. Diese Gruppen nehmen gutmütige, ruhige Tiere mit zum Besuch pflegebedürftiger Menschen, etwa Senioren in Altenheimen und Kinder im Krankenhaus, um ihnen die Freude zu ermöglichen, mit einem Tier zu interagieren. Auch Kaninchen können für ihr breiteres Umfeld eine positive Rolle spielen.

Dressur

Die Dressur ist das Gleiche wie Kommando-Training und funktioniert nach einem Prinzip, das in der Fachsprache als operantes Lernen bekannt ist. Dabei lernt das Tier, dass es, wenn es sich auf eine bestimmte Art und Weise verhält, etwas Angenehmes erhalten wird. Das kann eine Belohnung sein, etwa ein Leckerchen, ein Streicheln oder der Zugang zu einem Ort, an den es möchte. Das Tier wirkt zu seinem eigenen Vorteil auf seine Umwelt ein. Wir werden noch diskutieren, wie man einem Kaninchen beibringt, das Wort »Nein« zu verstehen, indem man ihm beibringt, dass es, wenn es mit dem, was es gerade tut, aufhört, etwas Unangenehmes verhindert und damit etwas Angenehmes erhalten wird (siehe *Verlangen nach Aufmerksamkeit*, S. 148). Das ist eine Anwendung des operanten Lernens.

Kaninchen können auch Kunststücke erlernen. Wenn Sie Ihrem Kaninchen beispielsweise beibringen möchten, sich auf Kommando aufzusetzen, halten Sie ein Stück Futter über seine Nase, so dass es sich strecken muss, um es zu erreichen. Wenn es sich auf seine Hinterbeine stellt, sagen Sie »Sitz« und geben dem Kaninchen sofort das Leckerchen. Wiederholen Sie das mehrmals, bis Ihr Kaninchen schon beginnt, sich auf seine Hinterbeine zu stellen, wenn Sie anfangen, das Futter in seine Richtung zu bewegen. Es zeigt Ihnen nun, dass es verstanden hat, was es tun muss, um das Futter zu bekommen. Als Nächstes versuchen Sie, nur das Handsignal und das Kommando »Sitz« zu benutzen und geben Sie dann das Futter mit Ihrer anderen Hand. Ihr Kaninchen wird schon bald auf Kommando um Futter bitten.

Wenn Sie Ihrem Kaninchen beibringen, auf Kommando in einen Transportkorb zu gehen, werden Besuche beim Tierarzt weitaus weniger traumatisch. Lassen Sie das Kaninchen sich zuerst an den Korb gewöhnen. Legen Sie den Korb auf eine Seite und legen Sie leckeres Futter hinein. Hüpft das Kaninchen dann gerne hinein und hinaus, stellen Sie den Korb richtig hin und locken Sie Ihr Kaninchen hinein. Wenn es hineingeht, sagen Sie »Korb«. Wiederholen Sie die Übung wie beim Sitz-Kommando, bis das Kaninchen auf Ihr Zeichen hin hineingeht. Versuchen Sie dann, das Kommando zu sagen, wenn das Kaninchen sich ein bisschen weiter vom Korb entfernt befindet, und bringen Sie es dazu, Ihnen bis zum Korb zu folgen und hineinzugehen. Natürlich können Sie genauso verfahren, wenn Sie Ihrem Kaninchen beibringen möchten, auf Kommando in seinen Stall oder seinen Käfig zu gehen, wobei Sie vielleicht ein Wort benutzen wie »Schlafenszeit«.

Bei einem Hauskaninchen, oder überhaupt bei jedem Kaninchen, kann es nützlich sein, ihm beizubringen, an der Leine zu laufen. Sie könnten es dann zu Spaziergängen im Garten oder anderswo mitnehmen. In guten Zoohandlungen sind spezielle Kaninchengeschirre und -leinen erhältlich. Erlauben Sie Ihrem Kaninchen zuerst, an der Leine zu schnuppern, während Sie sie ihm hinhalten und leise mit ihm reden. Dann bieten Sie ihm ein schönes Leckerchen an und legen gleichzeitig das Geschirr sanft auf den Rücken des Kaninchens, damit es sich an das Gewicht gewöhnen kann. Legen Sie das Geschirr anfangs nur eine oder zwei Sekunden lang auf seinen Rücken und verlängern Sie dann allmählich die Zeit. Ist das Kaninchen damit zufrieden, legen Sie das Geschirr richtig an, aber immer mit einem verführerischen Leckerbissen, um Ihr Kaninchen beschäftigt zu halten. Wenn Geschirr und Leine angelegt sind, lassen Sie das Kaninchen die Leine hinter sich herziehen, während es im Zimmer herumhoppelt. Sobald es die Leine zu ignorieren scheint, nehmen Sie den Griff und gehen Sie einen oder zwei Schritte vom Kaninchen weg. Verführen Sie das Kaninchen dazu, Ihnen zu folgen, vielleicht mit einem freundlichen Kommando wie »Na komm!« Spannen Sie die Leine nicht an, denn das würde das Kaninchen in Angst versetzen und es würde wegziehen. Bald wird Ihr Kaninchen gerne neben Ihnen an der Leine hoppeln – aber in seinem eigenen Tempo, nicht Ihrem.

Ein gutes Wort, das Sie Ihrem Kaninchen beibringen können, ist »Achtung« oder »Duck dich«. Dies ist sehr nützlich, wenn Ihr Kaninchen sich draußen befindet und Sie eine mögliche Gefahr, etwa eine Katze, bemerken, die gerade Ihren Garten betreten hat, oder wenn Sie möchten, dass es sich entfernt, wenn Sie einen Teller mit warmem Essen tragen. Sagen Sie

»Achtung« und stampfen Sie sofort danach fest mit dem Fuß auf den Boden – das eigene Signal des Kaninchens für Gefahr. Ihr Kaninchen wird innehalten und dann in Richtung seines Stalls oder Käfigs laufen.

Wie Hunde und Kinder können auch Kaninchen falsches Verhalten genauso leicht erlernen wie richtiges. Wir werden später noch von den Heldentaten von Tussle und Mozart hören (siehe *Verlangen nach Aufmerksamkeit*, S. 148).

Frage

Ich habe ein Kaninchen namens Budge, mit dem ich mein Zuhause teile. Er heißt so, weil es so scheint, dass ich ihn ständig aus dem Weg schieben muss (»budge« = Engl. für »sich bewegen, sich rühren«, Anm. d. Übers.). Vielleicht hätte ich ihn »Won't budge« (= Engl. für »nicht rühren«, Anm. d. Übers.) nennen sollen. Mein Problem mit Budge besteht darin, dass er ein ausgesprochener Dieb ist. Er stiehlt nur Essen – jedes Essen, sogar Essen, das er eigentlich gar nicht fressen möchte. Toast von meinem Frühstücksteller, Schinkenstückchen usw. Er stiehlt sogar warmes Essen wie Kartoffeln, auch wenn er sie meistens ganz schnell wieder fallen lässt. Natürlich versuche ich, ihm nicht die Gelegenheit dazu zu geben, aber wenn ich den Tisch verlasse, zum Beispiel, um ans Telefon zu gehen, ist er im Nu auf dem Stuhl, und schwups, irgendetwas fehlt auf dem Teller. Ich bin es ziemlich leid, Pizza zu essen, seit ich einmal Tomatenflecken aus dem Teppich entfernen musste. Er hatte eine Spur hinterlassen, als er das Pizzastück umgedreht durch das ganze Zimmer schleifte. Zuerst fand ich sein Verhalten ganz witzig, und ich vermute, dass ich dem Ganzen auch nicht dienlich war, weil ich ihm gelegentlich ein paar Leckerbissen gab, wenn ich zum Beispiel Salat aß. Ich gebe zu, dass es immer noch ziemlich amüsant ist, aber es kommt mir vor, als hätte ich statt eines wohlerzogenen Kaninchens einen ungezogenen Hund im Haus!

Antwort

Sicherlich haben Sie ein Kaninchen mit einem Auge für einmalige Gelegenheiten. Wie Sie richtig erkannt haben, hat Budge schon früh gelernt, dass Essen am Tisch eine Quelle für Leckerbissen sein könnte. Die betreffenden Leckereien sind zwar nicht immer essbar, verursachen aber in jedem Fall eine Reaktion Ihrerseits. Dies an sich ist offensichtlich schon Belohnung genug. Was Sie hier haben, ist ein Fall von erlerntem Verlangen nach Aufmerksamkeit. Ich schlage vor, dass Sie Budge das Wort »Nein« beibringen (siehe *Verlangen nach Aufmerksamkeit*, S. 148). Arrangieren Sie dann ein paar fingierte Mahlzeiten und entfernen Sie sich vom Tisch. Wenn Budge dann auf den Stuhl zusteuert, sagen Sie »Budge, nein.« Falls Sie nicht die gewünschte Reaktion bekommen, verstärken Sie Ihre Forderung mit einem schnellen Wasserspritzer. Womöglich müssen Sie das heimlich hinter der Tür tun, wenn er lernen soll, dass Stehlen tabu ist, egal ob Sie sich im Zimmer befinden oder nicht. Viel Glück.

Einzelhaltung

Viele Hauskaninchen werden als Einzeltiere gehalten. Tatsächlich wird auch hin und wieder dazu geraten, dass sie auf diese Weise gehalten werden sollten. Dieser Rat ist jedoch ziemlich überholt; er ist außerdem auf jene Züchter von Schaukaninchen gemünzt, die mehrere Kaninchen in Stallreihen halten. In diesen Fällen ist das Erscheinungsbild des Kaninchens der Hauptaspekt, und man sorgt sich, dass Kaninchen, die zusammen gehalten werden, sich gegenseitig Schaden zufügen könnten. Wie wir in diesem Buch gesehen haben, ist dies nicht der Fall, wenn sie artgerecht gehalten werden (siehe *Zusammenführung mehrerer Tiere*, S. 160 und *Territoriale Aggression*, S. 141). Ich würde im Gegenteil argumentieren, dass die Einzelhaltung eines geselligen Tieres möglicherweise Tierquälerei ist. Es ist schön und gut, ein einzelnes Kaninchen zu haben, so lange Sie bereit sind, ihm die Zeit und Aufmerksamkeit zu schenken, die es für ein glückliches Leben braucht. Kaninchen sind gesellige Tiere und brauchen Gesellschaft. Das gilt für alle Kaninchen gleichermaßen, ob sie in der Wohnung, im Garten in einem Stall oder Stall mit Gehege, im Schuppen eines Züchters, im Labor oder im Zoo leben.

Im Hinblick auf das Hauskaninchen ist es für uns Menschen nicht immer bequem, ihm diese Gesellschaft zu bieten, besonders, wenn das Kaninchen sich im Garten befindet. Manchmal haben wir einfach keine Lust dazu, viel mehr zu tun als bei Regenwetter bis zum Ende des Gartens zu laufen, schnell den Futter- und Trinknapf aufzufüllen und rasch wieder ins Haus zu hasten. Viele Kaninchen werden von einem Tag auf den anderen regelrecht ignoriert und bekommen einen Menschen vielleicht nur eine oder zwei Minuten pro Tag zu Gesicht, besonders während des ganzen schlechten Wetters im Herbst, Winter und Frühling. Im Sommer gibt es dann wieder andere

Dinge, die unsere Aufmerksamkeit von Kaninchen ablenken, und morgen geben wir ihm ganz sicher seine Streicheleinheiten, aber heute ... Wenn Kinder dabei sind, ist die Situation vielleicht auch nicht besser. Im Sommer schwindet das Interesse eines Kindes am Kaninchen oft und kommt nie wieder richtig zurück. Das bedeutet, dass das früher einmal geliebte Haustier einer fast durchgängigen Einzelhaft überlassen wird, vielleicht viele Jahre lang, bis es stirbt oder wenigstens das Glück hat, in ein fürsorglicheres Zuhause zu kommen. Haustiere sind keine Spielzeuge oder Verbrauchsgüter, die wir uns nur zu nehmen brauchen, wenn wir Lust dazu haben. Sie sind lebendige, fühlende Wesen.

Für Wohnungskaninchen ist die Situation auch nicht immer viel besser. Zwar wird man bei Regen nicht nass, wenn man sie füttert. Aber manchmal muss das Kaninchen lange Zeiträume eingesperrt in seinem Käfig verbringen, weil der Halter den ganzen Tag arbeitet oder wieder nur rein- und raushasten kann, weil sich neuerdings sein Sozialleben intensiviert hat. Drinnen kann es also genauso einsam sein wie draußen.

Das öffentliche Bewusstsein für Tierschutzprobleme bei Kaninchen ist oft nicht sehr ausgeprägt. Tausende werden zur Weitervermittlung in Tierheimen abgegeben, oft weil das Kind, dem das Haustier gekauft wurde, kein Interesse mehr an seiner Haltung hat und die Eltern die Verantwortung nicht übernehmen wollen. Ich bin mir nicht sicher, welche moralische Botschaft hier einem Kind vermittelt wird – dass es in Ordnung ist, ein Lebewesen abzuschieben, nur weil es einen langweilt? Ungefähr zwei von 100 Kaninchen, die als Haustiere gekauft wurden, werden an Tierheime abgegeben, und noch viele mehr werden an Freunde weitergereicht, über die Zeitung vermittelt oder eingeschläfert. Tausende Kaninchen sterben an etwas, das im Grunde Vernachlässigung ist, an irgendeinem vermeidbaren Zustand wie Madenbefall, Fettleibigkeit oder einer Zahnfehlstellung. Wir müssen uns darüber im Klaren sein, dass es an uns und nur an uns liegt, unseren Kaninchen alles zu bieten, was sie für ihre körperliche und seelische Gesundheit brauchen, und dazu gehört Gesellschaft.

Erlernte Aggression

Kaninchen lernen sehr leicht, dass Aggression ihnen das einbringt, was sie wollen, nämlich die Beseitigung von allem, was sie erschreckend oder schmerzhaft finden. Wir haben bereits gesehen, dass dies ein entscheidender Faktor für Sloppys Aggression gegen seinen jungen Halter Sam war (siehe *Angstaggression*, S. 78).

Frage

Ich habe zwei Flämische Riesen, Branston und Pickle. Sie sind Wurfgeschwister, beide kastriert, und leben glücklich zusammen. Beide Kaninchen habe ich zum selben Zeitpunkt bekommen, als sie sieben Wochen alt waren, aber sie könnten vom Temperament her nicht unterschiedlicher sein. Branston ist schon immer zappeliger und nervöser als Pickle gewesen.

Jeden Tag trage ich oder mein Mann die beiden Kaninchen in ein großes Gehege im Garten, wo sie am Gras knabbern, in oder auf den Tonröhren im Gehege sitzen und durch den Zaun hindurch lange Gespräche mit meinem Neufundländer führen. Im Stall habe ich mit keinem der beiden Kaninchen Probleme und mit Pickle auch sonst nicht. Branston aber ist da ganz anders.

Wenn ich die Stalltür öffne, nähert er sich uns mit aufgestellten Ohren und schnüffelt an einer hingehaltenen Hand. Er bleibt entspannt und kratzt sich den Kopf. Aber jede Bewegung einer Hand zu seinem Rücken hin hat zur Folge, dass er die Ohren anlegt und sich entfernt. Wenn man weitermacht, und das ist nötig, um ihn nach draußen ins Gehege zu bekommen, knurrt er und rennt im Stall herum, wobei er ab und zu aggressiv zu Pickle wird. Ist er schließlich eingefangen, bleibt Branston ein paar Sekunden lang ziemlich ruhig, dann beißt und tritt er. Ich muss sagen, dass wir gewöhnlich daraufhin in Richtung Gehege losstürzen, um ihn schnellstmöglich wieder auf dem Boden abzusetzen. Wie Sie sich vorstellen können, ist ein Kaninchen von mehreren Kilo (Branston wiegt 11 kg), das seine Zähne in Ihren Arm versenkt oder wie wild tritt, überhaupt nicht spaßig. Mein Mann und ich haben beide Narben auf unseren Armen und einmal waren nach Branstons Anstrengungen sogar ein Krankenhausbesuch und mehrere Stiche zum Vernähen der Wunden erforderlich. Das geht nun schon seit zwei Jahren so und langsam reicht es uns.

Antwort

Das Verhalten, das Sie beschreiben, lässt erkennen, dass Branston große Angst davor hat, hochgehoben zu werden, doch nicht von menschlichen Händen per se. Wahrscheinlich hat er zu irgendeinem Zeitpunkt ein Trauma erlitten, etwa indem er fallen gelassen oder zu fest gedrückt wurde, möglicherweise bevor Sie ihn im Alter von sieben Wochen kauften, was sein frühes nervöses Verhalten vermuten lässt. Ein einziges Ereignis reicht aus, damit sich ein solches Verhalten entwickelt. Negative Assoziationen können sich mit einem einzigen aversiven (Vermeidung auslösenden) Reiz bilden und Schmerz ist äußerst aversiv.

Branston hat gelernt, dass Aggression funktioniert und er damit bekommt, was er will, nämlich, auf den Boden gesetzt zu werden. Ich schlage vor, dass Sie Käfig und Auslauf neu gestalten, so dass sie eine Einheit bilden und damit keine Notwendigkeit mehr besteht, die Kaninchen jeden Tag hochnehmen zu müssen. Folgen Sie dann der Prozedur, die für Sloppy dargestellt wurde (siehe *Angstaggression*, S. 78).

Ernährung

Genau wie Katzen, Hunde, Pferde und Menschen können auch Kaninchen Geschmack erkennen und werden Vorlieben für bestimmte Nahrungsmittel haben. Manchmal sind diese Vorlieben recht seltsam, wie Rockys Liebe zu gebratenem Speck und Fluffs Faible für Pizza. Viele Kaninchen werden sich an einem Stück Schokolade erfreuen, die aber nicht besonders gut für sie ist. Wie bei Menschen können Schokolade und andere Süßigkeiten Zahnfäulnis verursachen. Anders als wir putzen Kaninchen sich nicht die Zähne, weshalb sie keine Süßigkeiten und auch sonst nichts zu fressen bekommen sollten, das sich zwischen ihren Zähnen festsetzen und Fäulnis verursachen kann. Natürlich werden Sie Ihr Kaninchen mit Leckerbissen versorgen wollen, doch es ist vernünftig, ihm nur solche zu geben, die sich nicht nachteilig auf seine Gesundheit auswirken, und auch dann nur in Maßen. Selbst anscheinend harmlose Dinge können erheblichen Schaden anrichten, wenn sie in großen Mengen gegeben werden. Äpfel und anderes Obst zum Beispiel enthalten sehr viel Zucker und können Zahlfäulnis verursachen. Süße Kekse und Brot enthalten ebenfalls Zucker und sollten wenn überhaupt nur in kleinen Mengen und nicht allzu häufig gegeben werden.

Frage

Ich habe drei Kaninchen. Zwei davon sind kastrierte Männchen, die draußen in einem Stall mit Gehege leben, das im Garten verstellt werden kann. Das dritte Kaninchen, eine Französische Widder-Häsin, ist ein Wohnungskaninchen. Ich bin unsicher, welches Futter ich ihnen geben sollte. Benötigen sie eine unterschiedliche Ernährung und wenn ja, welche? Es werden immer mehr Sorten Fertigfutter und »Leckerchen« angeboten. Ich weiß außerdem, dass einige der Pflanzen, die ich in meinem Garten habe, für Kaninchen giftig sein können. Bedeutet das, dass ich meine Gartenkaninchen nicht in ihr Gehege lassen sollte?

Antwort

Ich werde Ihre Frage in drei Teilen beantworten. Im ersten geht es darum, ob Wohnungskaninchen eine andere Ernährung benötigen als Kaninchen, die draußen leben. Die Antwort lautet schlicht und einfach: nein. Allerdings braucht Ihr Wohnungskaninchen womöglich weniger Futter, da es in einer wärmeren Umgebung lebt und nicht so viel Energie zum Warmhalten benötigt wie die beiden Jungs draußen.

Der zweite Teil Ihrer Frage betrifft die Art des Futters, das Sie ihnen als Hauptnahrung geben sollten, und welche Leckerchen geeignet sind. Um ehrlich zu sein, ist die beste Hauptnahrung Gras oder Heu, das nicht mit Herbiziden oder Pestiziden behandelt wurde. Was Ihre beiden Gartenkaninchen angeht, hat das Verstellen ihres Stalls mit Gehege auf dem Rasen viele Vorteile. Aus Sicht der Kaninchen erhalten sie dadurch die Möglichkeit, zu grasen und schmackhafte Bissen aus Ihrem Rasen auszuwählen. Hierdurch können sie normal fressen und können auf eine artgerechte, natürliche Art und Weise ihren Tag zu verbringen. Aus Ihrer Sicht bedeutet dies, dass Ihr Rasen mit deutlich weniger Mühe Ihrerseits ordentlich gemäht und mit ihrem stickstoffreichen Kot gedüngt wird. Ich hatte einen Onkel, der sich aus denselben Gründen zum Rasenmähen Gänse hielt. (Sie waren darüber hinaus auch sehr effektive »Wachhunde«, eine Rolle, in der ein Kaninchen nicht besonders gut ist.)

Handelsübliches Kaninchenfutter soll Ihrem Haustier eine ausgewogene Ernährung bieten. Kaninchen können jedoch recht anspruchsvolle Esser sein, da sie von Natur aus selektiv fressen. Das bedeutet, dass sie womöglich nicht alles in ihrem Futternapf fressen, sondern nur die Bissen, die sie bevorzugen. Falls Sie handelsübliche Nahrung füttern wollen, dann ist wegen dieser Kaninchenangewohnheit eine in Form von Pellets vorzuziehen, da jedes Maulvoll einen ausgewogenen Nährstoffgehalt hat. Aber noch einmal betone ich, dass der Hauptteil ihrer Ernährung aus Heu oder Gras bestehen muss, damit die Kaninchen ihre Zähne durch Zerschneiden und Mahlen in Form halten können und damit all die möglicherweise grauenhaften Folgen einer Zahnfehlstellung vermieden werden (siehe *Anorexie*, S. 81).

Und schließlich: Ja, Sie haben Recht, einige Pflanzen sind giftig für Kaninchen und sollten vermieden werden. Eine Liste mit einigen der verbreiteteren Pflanzenarten befindet sich in Anhang (S. 163). Falls Sie bei einer Pflanze, die Sie in Ihrem Garten haben oder die Sie gerne in Ihre Sammlung aufnehmen wollen, unsicher sind, fragen Sie auf jeden Fall Ihren Tierarzt, der Einblick in die neueste Ausgabe eines Referenzbuches für Gifte und Tiermedizin haben sollte. Falls Ihr Kaninchen ungut aussieht oder übermäßig zu speicheln beginnt, dann verschwenden Sie keine Zeit und bringen es direkt zum Tierarzt.

Fellausreißen

Während es sich beim Fellrupfen um normales, hormonell bedingtes Verhalten handelt, kann übermäßiges Fellausreißen ein Problem anzeigen.

Frage

Mein Kaninchen Trouble sollte eher Scruffy genannt werden (»scruffy« = Engl. für »ungepflegt, verwahrlost«, Anm. d. Übers.). An ihren Flanken und am Rücken ist sie stellenweise ziemlich kahl. Sie verbringt übermäßig viel Zeit damit, sich an ihrer Stalltür zu reiben und sich Unmengen an Fell auszureißen. Zuerst dachte ich, sie habe einfach nur Fellwechsel, aber das geht nun schon monatelang so.

Antwort

Kaninchen wechseln in der Tat ihr Fell und neigen dazu, in dieser Zeit recht verwahrlost auszusehen. In Troubles Fall allerdings scheint das Problem ein anderes zu sein. Ich schlage Ihnen einen Besuch beim Tierarzt vor. Kaninchen können an einer Reihe von Hautparasiten leiden, einschließlich Flöhen und Milben. Ohrmilben befallen die Ohren und bewirken, dass das Kaninchen den Kopf schüttelt und sich an den Ohren kratzt. Ein anderer Milbentyp kann in der Haut des Kaninchens leben. Diese Milben graben sich unter die Hautoberfläche und reizen stark die Haut des Kaninchens. Dort, wo die Milben aktiv sind, werden Sie kahle Stellen im Fell und schorfige Haut bemerken. Alle diese Krankheiten müssen von Ihrem Tierarzt behandelt werden, da Tabletten oder Lotionen aus Zoohandlungen gegen diese Milben nichts ausrichten können. Lassen Sie sich nicht dazu verleiten, Substanzen zu verwenden, die für Katzen und Hunde gedacht sind.

Für Ihr Kaninchen können sie gefährlich sein. Eine weitere Ursache für Fellausreißen, besonders bei Rassen mit längerem Fell, sind Verfilzungen, die dem Tier Unbehagen bereiten. Es ist wichtig, dass Sie Ihr Kaninchen mindestens einmal in der Woche sorgfältig auf solche Probleme hin untersuchen (siehe *Fellpflege*, S. 38 und S. 106).

Fellpflege

Die Fellpflege ist ein extrem wichtiger Punkt im Tagesablauf eines Kaninchens. Unter Einsatz von Vorderpfoten, Speichel, Zunge, Zähnen und Krallen der Hinterpfoten verbringen Kaninchen einen erheblichen Teil des Tages mit dieser Tätigkeit. Sie knabbern kleine Pflanzenreste weg, die sich in ihrem Fell verfangen haben, waschen Wasser und Matschflecken ab und kratzen sich, um sozusagen ihr Fell zu kämmen. Das Fell des Kaninchens ist sein Schutz vor Kälte, Nässe und Sonnenbrand. Ein Kaninchen muss sein Fell in gutem Zustand erhalten, ansonsten kann es sich rasch Unterkühlungen oder Milben zuziehen oder auch von Fliegenmaden befallen werden (siehe *Madenbefall*, S. 122).

Kaninchen nutzen die Fellpflege außerdem als Mittel, um Beziehungen zu verstärken, ein Zugehörigkeitsverhalten. Sie werden sich gegenseitig ihr Fell ablecken und anknabbern, besonders an den schwer zugänglichen Stellen wie hinter den Ohren und zwischen den Schultern. Falls Ihr Kaninchen beschließt, Ihre Hand abzulecken, dann ist dies eine Ehre und Sie sollten entsprechend reagieren. Schließlich ist es die größte Nähe, die Ihr Kaninchen Ihnen mit dieser liebenswürdigen Streicheleinheit geben kann.

Alle Kaninchen profitieren von einer wöchentlichen Fellpflege-Sitzung mit einer Gummibürste. Rassen mit längerem Fell, die Angora- und Kaschmirkaninchen, benötigen tägliches Bürsten, wenn sie frei von Verknotungen bleiben sollen. Verknotungen sollten in Wuchsrichtung angeschnitten und dann sanft von der Haarspitze zurück zum Körper hin auseinander gezogen werden. Verwenden Sie einen Kamm mit rotierenden Borsten. Falls Sie es nicht so mit tollem Aussehen haben, schneiden Sie die Verknotungen einfach ab. Bitte pflegen Sie das Fell Ihres Kaninchens bei warmem Wetter öfter.

Kaninchen haben eine ziemlich dünne, sehr sensible Haut. Bei der Fellpflege Ihres Kaninchens müssen Sie vorsichtig und sanft sein, da schon ein einziges schmerzhaftes Erlebnis die Voraussetzung für spätere Aggressionen bilden kann (siehe *Angstaggression*, S. 78 und *Erlernte Aggression*,

S. 101). Wenn Sie zu viel Druck ausüben, könnten Sie Rücken oder Bauch Ihres Kaninchens verletzen; denken Sie nur daran, wie viel größer und stärker Sie sind. Verschlimmert wird dies noch, wenn Sie eine Bürste oder einen Kamm aus hartem Metall verwenden. Falls Sie mir nicht glauben, probieren Sie es mal auf Ihrem eigenen Kopf aus. Ziehen Sie nicht an Verknotungen herum; dies kann extrem schmerzhaft sein, wie jeder mit langen Haaren bestätigen kann. Es ist hilfreich, wenn Sie das Fell Ihres Kaninchens schon als Junges anfangen zu pflegen, damit es sich an die Prozedur gewöhnen kann. Natürlich können Sie das Ganze noch angenehmer gestalten, wenn Ihr Kaninchen gerade an ein paar Lieblings-Knabbereien heran kann. Während es zufrieden frisst, können Sie es gleichzeitig bürsten.

Fellrupfen

Das Fellrupfen ist vorwiegend eine Aktivität von weiblichen Kaninchen, obwohl seltener auch schon Halter männlicher Kaninchen darüber berichtet haben. Das Weibchen rupft sich an Brustkorb, Bauch und Flanken Fell aus und benutzt es, um damit das Nest auszulegen, das sie für ihre Jungen vorbereitet. Dies geschieht zum Ende der Trächtigkeit und auch in Fällen, wenn das Weibchen scheinträchtig ist. Fellrupfen ist ein normales mütterliches Verhalten und nichts, worüber man sich Sorgen machen sollte. Falls Ihre Häsin allerdings eine Neigung zur Scheinträchtigkeit hat, könnte es ratsam sein, sie kastrieren zu lassen.

Graben

Es führt kein Weg daran vorbei: Kaninchen sind hartnäckige Gräber. Haben sie nur die geringste Chance, dann werden sie Löcher in Ihre Teppiche, Ihren Rasen und Ihre Blumenbeete graben. Mein erstes Kaninchen, Thumper, machte sich bei meiner Mutter nicht sonderlich beliebt, als er eines Tages beschloss, ein Loch in eine Bettmatratze zu graben. Was die ganze Sache noch schlimmer machte, war die Tatsache, dass ich es nicht bemerkt hatte, weil ich neben ihm zu sehr in ein Buch vertieft gewesen war. Thumper saß recht zufrieden in seinem neuen Bau. Ja, es gibt viele Anfängerfehler – und sie werden selten wiederholt, wie wir hoffen.

Da das Graben ein natürliches Verhalten ist, für das Kaninchen eine starke Motivation besitzen, scheint es nur vernünftig, dass wir ihnen die

Möglichkeit geben, dieses zu tun. Falls Ihr Kaninchen draußen lebt, bieten Sie ihm, wo das möglich ist, eine Grube zum Buddeln. Idealerweise ist diese recht groß, doch auch ein Bereich, der groß genug ist, damit Ihr Kaninchen ihn betreten und sich darin umdrehen kann, wird gut ankommen. Die Grube kann mit einer Mischung aus Sand und Erde gefüllt werden (siehe *Kaninchenbau*, S. 114). Ein Sandkasten für Kinder ist ideal für alle Kaninchen, wobei Wohnungskaninchen eine beaufsichtigte Buddelzeit gewährt werden sollte.

Im Haus tendieren Kaninchen dazu, in dunklen, geheimen Ecken und hinter Möbeln zu graben. Dies bleibt oft unbemerkt, bis man eines Tages das Sofa verschiebt, um den Gegenstand zu suchen, den man vor zwei Wochen verloren hatte. Dann, was für ein Horror, findet man Teppichbüschel, die überall verteilt sind. Wenn Sie nicht ständig mit Argusaugen über Ihr Kaninchen wachen wollen (ich erinnere an meine Matratze), schlage ich vor, dass Sie Vorsichtsmaßnahmen ergreifen, um Ihren Teppich zu schonen. Tackern oder kleben Sie ein Teppichstück auf eine Hartfaserplatte und platzieren Sie sie sicher an dem Punkt, an dem Ihr Kaninchen zu graben beschlossen hat. Alternativ können Sie dem Kaninchen auch seine eigene Buddelkammer einrichten, eine Holz- oder Pappkiste, die mit Teppich ausgelegt und vielleicht noch mit Heu gefüllt ist. Kaninchen graben außerdem gerne Tunnel; das bedeutet, dass sie die Endwand in vertikalem Winkel angraben. Wenn Sie eine mit einem Teppich bestückte Hartfaserplatte sicher zwischen zwei Möbelstücken einkeilen, hat Ihr Wohnungskaninchen einen künstlichen Tunnel zum Graben. Das Gleiche kann bei draußen lebenden Kaninchen bewerkstelligt werden, indem man die Hartfaserplatte vertikal zwischen zwei Tonröhren klemmt. Hierdurch entsteht eine künstliche Trennwand, die das Kaninchen nach Herzenslust angraben kann.

Grunzen

Für das ungeübte Ohr hört sich ein grunzendes Kaninchen womöglich wie ein knurrendes an. Tatsächlich kann ein Knurren der Auftakt zu einem Grunzen sein, falls das Individuum, an das es gerichtet ist, den Wink nicht befolgt und sich entfernt. Wie in unserer eigenen Sprache wird die Bedeutung der stimmlichen Botschaft oft mit der begleitenden Körpersprache verdeutlicht. Aus diesem Grund gibt es bei uns mehr Missverständnisse, wenn wir per Telefon mit jemandem sprechen; wir können sein Gesicht und seinen

Was sie da tut, ist flirten.

Körper nicht sehen, wodurch uns ein wichtiger Aspekt der Botschaft entgeht, die derjenige uns sendet. Dieses Problem, einen Teil der Botschaft nur zu »hören«, ist der Grund, warum wir oft das Verhalten anderer Tiere missdeuten. Ein Hund zum Beispiel kann bellen, wenn er aggressiv, spielerisch, aufmerksam oder ängstlich ist oder jemanden begrüßt; das Bellen allein wird Ihnen nichts über die Motivation des Hundes verraten.

Kaninchen sind weniger kompliziert, aber das Prinzip ist das Gleiche. Um zu versuchen, Ihr Kaninchen zu verstehen, müssen Sie seine Körpersprache, die Situation und eventuell die Laute, die es äußert, beachten. Beispielsweise sind Sie vielleicht überrascht, Ihr weibliches Kaninchen bei etwas zu sehen, was aussieht wie ein indianischer Kriegstanz. Sie wird kreisförmig um Ihre Füße herumlaufen und dabei grunzende Laute ausstoßen. Was sie da tut, ist flirten. Dieses Verhalten kann unabhängig davon auftreten, ob sie alleine oder zusammen mit einem anderen Kaninchen gehalten wird. Es wird von ihren Hormonen ausgelöst und zeigt an, dass sie bereit ist, ein wenig zu balzen und sich zu paaren.

Hohes Alter

Kaninchen können zehn Jahre oder älter werden, je nach Rasse gibt es leichte Unterschiede. Wenn Ihr Kaninchen ein langes Leben haben soll, dann muss es natürlich eine artgerechte Ernährung erhalten und in einer sauberen, geräumigen und anregenden Umgebung gehalten werden. Den mir bekannten Rekord hält ein Kaninchen namens Flopsy mit einem Alter von 18 Jahren und 10 Monaten.

Wenn Kaninchen älter werden, besteht die Wahrscheinlichkeit, dass sie an ähnlichen Beschwerden wie wir leiden. Ihr Gehör und ihr Sehvermögen können sich verschlechtern, weshalb sie ein bisschen heftiger reagieren, wenn Sie sie hochheben, so dass es ratsam ist, mit ihnen zu reden, damit sie wissen, dass Sie da sind und sie nicht allzu sehr überrascht werden. Gleichermaßen können ältere Kaninchen ziemlich übellaunig werden, weil sie Schmerzen haben. Ihre Gelenke sind wahrscheinlich ein bisschen steif und vielleicht haben sie sogar eine leichte Arthritis. Behandeln Sie sie in jedem Falle behutsam.

Gleich wie lange Ihr Kaninchen lebt, ob zwei oder zehn Jahre – was seine Lebensqualität angeht, ist es vollkommen von Ihnen abhängig. Ihr Haustier wird ein besseres Leben haben, und Sie werden weitaus mehr Freude an ihm haben, wenn Sie diese Verantwortung voll übernehmen. Da Sie bereits bis hierhin gelesen haben, bin ich mir sicher, dass Sie das ohnehin tun wollen.

Homöopathie

Die Homöopathie ist eine alte Form der Medizin, die nunmehr auch von Tierärzten angewandt wird. Einige Halter geben dieser tierärztlichen Methode der Alternativmedizin den Vorzug vor der konventionellen Medizin. Sicher gibt es auch in Ihrer Nähe einen Tierarzt und Tierheilpraktiker, der Ihnen weiterhelfen kann.

Hunde

Frage

Ich habe einen zweijährigen Collie, der ziemlich ausgeglichen und wohl erzogen ist. Ich hätte gerne ein Wohnungskaninchen. Wie sollte ich das Kaninchen mit dem Hund bekannt machen, damit sie Freunde werden? Das Problem ist, dass mein Hund es liebt, auf Spaziergängen Wildkaninchen zu jagen.

Antwort

Hunde und Kaninchen können recht gut miteinander leben, aber Zusammenführungen müssen mit Sorgfalt und Geduld durchgeführt werden. Als Erstes müssen Sie Ihrem Hund das Wort »Aus« beibringen. Dieses Kommando bedeutet im Grunde genommen »Lass das Kaninchen (oder was auch immer), weil es nicht wirklich interessant ist; komm zu mir, ich bin viel interessanter.« Das »Aus«-Kommando sollte mit angenehmer, ruhiger Stimme ausgesprochen werden, um den Hund nicht noch mehr aufzuregen. Wenn der Hund Sie anblickt, belohnen Sie ihn mit einem Lob oder einem Leckerbissen. Details zum Beibringen dieses Kommandos finden Sie im Anhang (S. 167).

Hat Ihr Hund einmal dieses Kommando im Hinblick auf andere Objekte, Spielzeug und Futter verstanden und befolgt es gerne, dann ist es Zeit für Sie, Ihr Kaninchen zu holen. Zuerst allerdings müssen Sie sich vorbereiten und dafür sorgen, dass Sie ein hundesicheres Innengehege oder einen Kaninchenkäfig und viele angenehme Leckereien für Kaninchen und Hund vorrätig haben. Der Plan besteht darin, beiden Tieren zu ermöglichen, positive Assoziationen mit der Anwesenheit des anderen zu bilden.

Machen Sie aus dem Innengehege einen angenehmen Aufenthaltsort für Ihr Kaninchen, mit einer gemütlichen Kiste, um ihm Privatsphäre zu geben, reichlich Heu und einer Trinkflasche. Geben Sie Ihrem neuen Kaninchen im Zimmer ein oder zwei Tage Zeit ohne den Hund, damit es sich an die Geräusche im Haushalt und an die Anwesenheit der menschlichen Familie gewöhnen kann. Diese Zeit können Sie auch dazu nutzen, um Ihr Kaninchen mit diversen Leckerbissen zu verlocken und festzustellen, was es wirklich mag. Es ist auch die richtige Zeit, um Kaninchen und Hund mit dem Geruch des anderen bekannt zu machen, indem Sie sie an einem Stück Stoff riechen lassen, das Sie vorher über das andere Tier gestreift haben (siehe *Katzen*, S. 116).

Führen Sie die erste Zusammenführung zu einem Zeitpunkt durch, an dem Ihr Hund angenehm müde ist, vielleicht nach einem ordentlichen Spaziergang. Bringen Sie ihn locker angeleint in das Zimmer und lassen Sie ihn am Käfig schnuppern. Lassen Sie ihn sich dann ruhig neben dem Käfig hinlegen, indem Sie ihm ein Leckerchen oder ein Kauspielzeug geben. Loben Sie ihn sanft, wenn er ruhig ist. Falls er anfängt, aufgeregt um den Kaninchenkäfig herumzuwandern, sagen Sie still Ihr »Aus«-Kommando und bringen Sie ihn dazu, sich wieder niederzulassen. Nach einigen Minuten führen Sie Ihren Hund wieder aus dem Zimmer hinaus, um ihm etwas Angenehmes und Ablenkendes anzubieten, zum Beispiel sein Abendessen.

Nach einigen Tagen mit mehreren kurzen Zusammenführungen lassen Sie das Kaninchen aus dem Käfig, wobei Sie den Hund immer noch angeleint lassen. Verfahren Sie wieder wie vorher und lenken Sie Ihren Hund ab, falls er zu aufgeregt wird. Die meisten Hunde lernen rasch, dass das Kaninchen wirklich kein interessanter Spielkamerad und dass das Kauspielzeug einträglicher ist.

Falls Sie ein Kaninchen mit einem Welpen zusammenführen, ist es nützlich, den Welpen an ein Innengehege zu gewöhnen und ihm das »Aus«-Kommando beizubringen. Dann können Sie Ihr Wohnungskaninchen mit dem Welpen bekannt machen, indem der Welpe in dem Gehege sitzt. Die Prozedur mit dem »Aus«-Kommando und dem Hinlegen Ihres Welpen oder erwachsenen Hundes kann auch durchgeführt werden, um ihn mit Hauskaninchen zusammenzuführen, die in einem Stall und Gehege ihm Garten gehalten werden.

Falls Sie Ihrem Hund auf Spaziergängen nur sagen müssen »HASEN« und er davonsaust, dann verwenden Sie ein anderes Wort, wenn Sie über Ihr Hauskaninchen sprechen. Bei meinem eigenen Hund Ba verwende ich das Wort »Kaninchen« für nicht jagdbare Kaninchen und »Hase« für jene auf den Feldern. Ich füge jedoch ganz schnell hinzu, dass er viel zu langsam ist, um die Kaninchen fangen zu können und er ihnen lediglich ein bisschen Jogging-Unterricht erteilt.

Die oben genannten Vorschläge können bei den meisten Hunden angewandt werden; die einzige große Ausnahme bilden Windhunde, die auf Rennen gelaufen sind und ihr ganzes Leben lang für die Jagd auf kaninchenartige Objekte gelobt worden sind. Falls Sie planen, solch einen Hund und ein Kaninchen zusammen zu haben, dann führen Sie die Zusammenführung unbedingt mit größter Sorgfalt durch. Unabhängig von der Rasse ist es nicht ratsam, einen Hund und ein Kaninchen unbeaufsichtigt alleine zu lassen, da der Hund das Kaninchen versehentlich im Spiel verletzen könnte oder seine natürlichen Instinkte einfach überhand nehmen.

Injektionen

Ihr Kaninchen wird gegen Myxomatose und VHD geimpft werden müssen (siehe S. 127 und 151). Vielleicht benötigt es auch eine Antibiotika-Injektion, um beispielsweise hartnäckige Ohrmilben zu bekämpfen. Der Tierarzt wird als Injektionsort die lockere Haut am Genick wählen. Kaninchen tolerieren dies sehr gut, so dass hier kein Grund zur Sorge besteht. Gewiss möchten Sie den Gang zum Tierarzt für Ihr Kaninchen so angenehm wie möglich machen. Hierfür nehmen Sie eines seiner Lieblings-Leckerchen mit, dass Sie ihm vor und während der Injektion anbieten.

Jugendliches Verhalten

Kaninchen erlangen die Geschlechtsreife, wenn sie ungefähr vier Monate alt sind, sind dann jedoch vom Verhalten her noch nicht erwachsen und auch noch nicht ausgewachsen. Genau wie menschliche Teenager und junge ausgewachsene Hunde machen einige junge ausgewachsene Kaninchen eine ziemlich wilde Phase durch. Es ist die Zeit, zu der sie normalerweise ihren Platz unter den erwachsenen Tieren ihrer Gruppe suchen würden, und womöglich merken Sie, dass Ihr Kleiner in dieser Zeit ziemlich frech und sogar recht beißfreudig wird.

Falls Ihr Kaninchen Sie zum Beispiel beißt, um Sie aus dem Weg zu räumen, vielleicht, wenn Sie sich gerade zusammen das Sofa teilen, sagen Sie streng »Nein«, nehmen Sie es hoch und setzen Sie es auf den Boden. Es wird schnell lernen, dass Sie auf diese Weise nicht eingeschüchtert werden können.

Kämpfe

Kaninchen kämpfen – das ist eine unbestrittene Tatsache. Wenn ein Kaninchenkampf in einem abgeschlossenen Bereich stattfindet, aus dem keines der Tiere ausbrechen kann, dann kann der Kampf für eines, wenn nicht sogar beide, sehr blutig werden und tödlich enden. Das bedeutet nun aber keinesfalls, dass Kaninchen alleine gehalten werden sollten. Es bedeutet lediglich, dass man sich ein wenig Gedanken darüber machen sollte, wer mit wem zusammenleben soll. Die goldenen Regeln lauten: Halten Sie keine unkastrierten Männchen zusammen, halten Sie keine unkastrierten Weibchen zusammen und – es sei denn, Sie möchten viele Junge – halten Sie kein unkastriertes Männchen mit einem unkastrierten Weibchen zusammen.

Kastrierte männliche Kaninchen, insbesondere Wurfgeschwister, können recht freundschaftlich zusammenleben. Auch ein kastriertes Paar, Männchen und Weibchen, kann sich viele Jahre lang gut verstehen. Weibchen sind allerdings nicht immer so friedlich, und zwei Weibchen, selbst wenn sie kastriert sind, werden gelegentlich zu Zankereien neigen, bei denen einiges an Fell fliegt. Das Wichtige, gleich bei welcher Paarung, ist, dafür zu sorgen, dass die Kaninchen reichlich Platz und viele Unterschlupfmöglichkeiten haben. Seien Sie sich auch darüber im Klaren, dass Kaninchen genau wie wir unterschiedliche Persönlichkeiten haben und dass ein Kaninchen, egal was Sie darüber denken, ein anderes vielleicht einfach nicht mag.

Es ist nicht ratsam, mehr als zwei Kaninchen zusammen zu halten, da sich unweigerlich eine Hierarchie entwickeln wird und Sie immer mit Argusaugen darüber wachen müssen, dass keines allzu heftig schikaniert wird.

Kaninchenbau

Unter natürlichen Bedingungen leben Kaninchen in einem Höhlensystem, das sie sich unterirdisch graben. Wenn ihnen die Möglichkeit gegeben wird, werden auch Hauskaninchen ausgiebig graben. Wenn Sie es zulassen, kann Ihr Kaninchen sich einen Tunnel unter seinem Gehege graben und es kann entlaufen. Dies kann verhindert werden, indem Sie den Boden seines Geheges mit einem Hühnerdraht abdecken, so dass das Gras durchwachsen und säuberlich abgeknabbert werden kann, ohne Ihr Kaninchen Ihren Garten ausschachten zu lassen. Sie könnten Ihrem Kaninchen eine Sandgrube anlegen, die eine Mischung aus Erde und Sand enthält. Eine 60 cm tiefe und 1,8 bis 2 Meter lange Grube wäre für Ihr Kaninchen ein sicherer Platz zum Graben.

Vor vielen Jahren gab ich zwei New Zealand White-Kaninchen an die Familie meines Patenkindes. Sie waren als Sniff und Snuff bekannt und hatten im Garten einen großen Stall-Gehege-Komplex. Der Garten war großflächig, was wohl auch gut war. Während ihres Lebens gruben sie einen enormen Bau. Als beide Kaninchen starben, versuchten wir, den Bau freizulegen, nur um zu sehen, wie groß er war. Nach einem Tag voller Graben und nach der Erkenntnis, dass das Höhlensystem sich über mehr als fünf Meter erstreckte, hatten wir genug und gingen wieder ins Haus, um mit einem wohlverdienten Glas Wein auf Sniffs und Snuffs jahrelange Arbeit anzustoßen.

Kastration

Frage

Mir ist geraten worden, meine beiden männlichen Kaninchen kastrieren zu lassen. Ich bin nicht davon überzeugt, da ich gehört habe, dass eine Kastration den Charakter eines Tieres verändert und es dadurch zu Fettleibigkeit neigt. Könnten Sie mir bitte die Vorteile und Nachteile einer Kastration erklären?

Antwort

Ein Tier zu kastrieren bedeutet, es zu entsexualisieren. Dabei werden die Sexualorgane entfernt. Beim Männchen ist das eine einfache und schnelle Prozedur, bei der die Hoden vom Hodensack abgetrennt werden. Beim Weibchen ist das viel komplizierter und erfordert die Entfernung von Eierstöcken und Gebärmutter.

Das Kaninchen wird über einen kurzen Zeitraum, in dem die Operation stattfindet, anästhesiert. In den vergangenen Jahren hat es große Fortschritte bei den chirurgischen Techniken für Kaninchen gegeben und die Operation sollte reibungslos ablaufen. In der Vergangenheit war es üblich, Männchen ohne Anästhesie zu kastrieren, indem man sie unbeweglich machte (siehe *Trance*, S. 142). Angesichts der Tatsache, dass das Kaninchen in diesem Zustand bei vollem Bewusstsein ist und wahrscheinlich Schmerzen spürt, ist dies keine Methode, die ich befürworten würde. Die Anästhesierung von Kaninchen ist inzwischen ein übliches Verfahren und wäre die vorzuziehende Option. Da Kaninchen auf Anästhesie nicht so gut ansprechen wie andere Tierarten und nicht alle Tierärzte viel Erfahrung mit der Operation von Kaninchen haben, möchten Sie die Kastration vielleicht noch weiter mit Ihrem Tierarzt bereden und ihn möglicherweise bitten, Sie an einen Spezialisten für Kaninchen zu überweisen.

Sie fragen, ob Ihre Kaninchen durch die Kastration tendenziell mehr an Gewicht zulegen. Eine Kastration kann das Aktivitätsmaß eines Tiers insofern leicht verringern, als das Kaninchen weniger revierbewusst sein wird. Jedes Hauskaninchen kann aber übergewichtig werden, wenn es zu viel Futter bekommt. Sie müssen wöchentlich das Gewicht Ihrer Kaninchen überprüfen und ihr Futter entsprechend anpassen.

Die Kastration an sich verändert nicht den Charakter eines Tieres, reduziert oder beseitigt allerdings den Trieb, bestimmte Verhaltensweisen zu

Jedes Hauskaninchen kann übergewichtig werden,
wenn es zu viel Futter bekommt.

zeigen, die hormonell bedingt sind. Zu diesen gehören Sexualverhalten, Revierverhalten und, bei Häsinnen, mütterliche Aggression. Falls Ihre Böcke zusammen gehalten werden sollen, werden sie weniger miteinander kämpfen, wenn sie kastriert wurden.

Die Kastration hat noch einige andere positive körperliche Vorteile. Ihre Böcke werden nicht mehr hodenkrebsgefährdet sein und sterilisierte Häsinnen werden keinen Eierstock- oder Gebärmutterkrebs mehr bekommen können.

Alles in allem finde ich, dass die Vorteile der Kastration aller Hauskaninchen gegenüber den möglichen Nachteilen überwiegen.

Katzen

Katzen und Kaninchen sind von Natur aus keine Freunde. Wie die Produzenten von Katzenfutter bemerkt haben, fressen Katzen Kaninchen. Das bedeutet nicht, dass Katzen nicht zufrieden Seite an Seite mit einem Kaninchen leben können, ob es im Garten oder im Haus gehalten wird. Trotzdem sollte niemals vergessen werden, dass Katzen Raubtiere sind; es ist unklug, Katze und Kaninchen unbeaufsichtigt zusammenzulassen. Das ist weniger ein Problem, wenn das Kaninchen als ausgewachsenes Tier größer ist als die Katze. In jedem Fall würde ich vorschlagen, dass Katzenhalter sich lieber für die größeren Kaninchenrassen statt für die kleinen oder Zwergrassen entscheiden.

Wenn Sie ein Kaninchen mit einer Katze bekannt machen oder umgekehrt, ist dafür wirklich unbedingt ein Stall oder ein Käfig erforderlich. Darin kann sich entweder Katze oder Kaninchen befinden, während der jeweils andere darum herumwandert. Schmackhafte Leckerbissen für beide Tiere werden ihnen ebenfalls helfen, positive Assoziationen mit der Gegenwart des anderen zu bilden. Wie Sarah Heath in *»Katzen verstehen«* beschreibt, sind Katzen äußerst geruchsorientiert. Es ist hilfreich, Ihr Kaninchen sanft mit einem sauberen Tuch abzureiben und damit dann über Rücken und Flanken der Katze zu streichen. Auf diese Weise werden Sie den Geruch des Kaninchens auf die Katze übertragen, was Letzterer dabei helfen wird, Ersteres leichter zu akzeptieren. Der gleiche Prozess kann umgekehrt durchgeführt werden, damit das Kaninchen die Möglichkeit erhält, sich mit dem Geruch Ihrer Katze bekannt zu machen. Katzen und Kaninchen können genau wie Kaninchen und Hunde dicke Freunde werden. Es ist nicht ungewöhnlich, eine Katze zu sehen, die ihren Korb mit dem Familienkaninchen teilt und sanft seine Ohren leckt. Ich habe sogar schon von einer Katze gehört, die den Käfig des Familienkaninchens auswählte, um dort ihre Jungen auf die Welt zu bringen, wobei das Kaninchen gleichzeitig weiter darin lebte.

Kinder

Lange Zeit meinte man, Kaninchen seien die idealen Haustiere für Kinder. Das bezweifle ich. Natürlich müssen wir zuerst einmal fragen, was wir unter »Kindern« verstehen. Ich glaube nicht, dass Kindern die volle Verantwortung für die Pflege eines Haustiers übertragen werden sollte; sie sollten immer von ihren Eltern angeleitet werden. Ganz offenkundig werden kleinere Kinder noch mehr praktische Hilfe benötigen. Und auch ältere Kinder sollten immer wieder an ihre Verantwortung erinnert werden. Ein Haustier verliert schnell seinen Ehrenplatz beim Kind und muss ihn ans Fußballspielen, Ausgehen mit Mädchen oder Feinmachen für die Jungs abgeben. Wir müssen daran denken, dass Kaninchen langlebige Haustiere sind.

Wenn Kinder wirklich etwas bei der Pflege eines Haustiers lernen sollen, dann müssen sie das während seines gesamten Lebens tun. Dieses kann einige schwierige Jahre der menschlichen Entwicklung umfassen. Ich erhielt eines meiner Kaninchen, Nomad, als ich elf Jahre alt war, und sie lebte, bis ich 22 Jahre alt war. Es wäre gelogen zu behaupten, es habe nie Zeiten gegeben, zu denen ich das Gefühl hatte, dass die Pflege von ihr und meinen anderen Haustieren (Mäusen, Meerschweinchen, einem Schaf, Hühnern und Schildkröten) wirklich eher eine ungeliebte Pflicht als eine Freude war. Dies gilt besonders für meine Zeit als Teenager. Schließlich hatte ich samstags weitaus Wichtigeres zu tun, als den halben Tag mit Ausmisten zu verbringen, doch meine Eltern machten mir sehr gut deutlich, wer für das Wohlergehen der Tiere verantwortlich war. Als ich mir ein Bein brach, und später, als ich studierte, sorgte meine Mutter freundlicherweise für Nomad und den restlichen Zoo, was mir eine Lektion darin erteilte, die Hilfe anderer zu erhalten und zu schätzen. Es war großartig, nach Hause zu meinem Kaninchen zu kommen, das sich immer freute, mich zu sehen. Die Pflege eines Haustieres kann einem Kind helfen, etwas über Verantwortung usw. zu lernen, aber nur, wenn die Eltern sich daran beteiligen. Tiere können nicht selbst den Kindern auf magische Weise etwas beibringen.

Kinder können viel Vergnügen bereiten, doch oft treiben sie es mit dem Vergnügen zu weit, absichtlich oder unabsichtlich. Das Baby, das eifrig nach Ihrem Finger greift, ist niedlich, aber es ist nicht mehr so angenehm, wenn das Greifen auf Haare, Bart oder Schnauzbart übergeht. Ältere Kinder laufen herum, stolpern, fallen, lachen, weinen und schreien, vor Schmerzen und vor Freude. Sie sind wirklich ziemlich unberechenbar; für ein Kaninchen können sie äußerst Angst einflößend sein. Deshalb ist es wichtig, dass Kindern beigebracht wird, wie sie mit ihren Kaninchen umgehen müssen. Kinder unter sieben oder acht Jahren sollten nicht unbeaufsichtigt mit einem Kaninchen alleine gelassen werden. Sie haben nur selten ein Wissen über ihre eigene Kraft und können einem Kaninchen unabsichtlich Schmerzen zufügen, wenn sie es überschwänglich liebevoll umarmen und es dabei zu fest drücken. Das kann noch leichter passieren, wenn das Kaninchen noch jung ist oder einer kleinen Rasse angehört. Wenn Sie beabsichtigen, Kaninchen und kleine Kinder zusammen zu haben, würde ich eine robustere, ruhigere Rasse wie Französischer Widder, Britischer Riese oder Blauer Wiener vorschlagen. Diese sind tendenziell zu groß, um vom Kind hochgehoben und dann versehentlich fallen gelassen zu werden. Falls Ihr Kaninchen draußen lebt, versuchen Sie, ihm einen Auslauf zu geben, der so groß ist, dass Kaninchen und Kind darin sitzen oder liegen können. Meine Mut-

ter baute mir einige erstaunliche Kaninchengehege unter einem alten Anbau. Sie waren sehr groß, und jedes verfügte über einen Stall über dem
Erdboden. Ich hatte sehr viel Platz, um dort zu sitzen und ein Buch zu
lesen, mit einem Kaninchen auf dem Schoß und einem Meerschweinchen,
das um meine Füße herumknabberte.

Kinn

Es könnte so scheinen, als hätten Kaninchen mehrere Kinne. Natürlich haben sie genau wie Sie und ich nur eines, das Fleisch, das ihren Kiefer bedeckt. Das Kinn ist hier recht kitzlig und wegen der darunter liegenden
Duftdrüse (siehe *Markieren*, S. 125) ein bisschen verklumpt. Es kann außerdem recht feucht sein, besonders bei nicht kastrierten Böcken, deren
Duftdrüse sehr aktiv ist. Ein permanent nasses Kinn kann jedoch durchaus
auf eine wunde Schnauze infolge von Zahnproblemen hinweisen. Eiterun-
gen im Maul haben zur Folge, dass das Kaninchen übermäßig Speichel produziert. Ein nasses Kinn kann aber auch von einem nässenden Abszess herrühren, der abhängig von seiner Lage behandelbar oder nicht behandelbar
ist. Falls sich der Abszess im Kieferknochen oder in den Wangenknochen
befindet, dann ist es unwahrscheinlich, dass Ihrem Kaninchen eine langfris-
tige Behandlung zuteil werden kann. Falls er sich mehr an der Oberfläche
befindet, sollte eine Kur mit Antibiotika helfen.

Kaninchen, insbesondere ältere, haben mehrere Kinnfalten direkt unterm Kinn, die an die Doppel- und Dreifachkinne erinnern. Diese Falten
bieten dem Weibchen Fell, um damit ein Nest auszulegen. Leider können
sie jedoch auch einen Ort für bakterielle Infektionen bilden. Wenn sie feucht
werden, trocknet das Fell nur schwer. Die Falten bieten ein schönes, warmes, feuchtes Zuhause für Bakterien, die sich dort vermehren und die Haut
infizieren können. Stellen Sie daher unbedingt sicher, dass Ihr Kaninchen
unter sauberen, trockenen Bedingungen gehalten wird und Wasser in einer
Trinkflasche und nicht in einer Schüssel erhält.

Knurren

Ein knurrendes Kaninchen ist nicht gerade einladend (siehe *Grunzen*,
S. 108). Auf ein nicht beachtetes Knurren folgt gewöhnlich schnell das Knir-
schen scharfer Zähne. Es sind nicht viele Wiederholungen notwendig, bis

Sie die von Ihrem Kaninchen ausgestoßenen Knurrlaute bemerken. Sehen Sie sich die Körpersprache des Kaninchens an, wenn es knurrt. Sind seine Ohren angelegt oder stehen sie senkrecht? Neigt es sich in Ihre Richtung oder von Ihnen weg? Hat es Schmerzen oder Angst oder ist es herrisch und fordernd? Knurrt es Sie an oder den Hund, den es hinter Ihnen ankommen sieht?

Kopfschütteln

Frage

Mein Kaninchen neigt dazu, seinen Kopf auf einer Seite zu halten, was ihm ein ziemlich niedliches, komisches Aussehen verleiht. Außerdem hat es Kopf-schüttelanfälle, so als würde es nicht glauben, was ich ihm gerade gesagt habe. Könnten Sie dieses Verhalten bitte erklären? Falls Sie das wissen müssen: Es ist ein Zwergwidder und ein Jahr alt.

Antwort

Zwar kann ich mir vorstellen, dass ein Kaninchen mit einem schiefen Kopf vielleicht niedlich aussieht, aber es ist vielmehr ein Zeichen dafür, dass etwas nicht stimmt. Alle Kaninchen können an Ohrinfektionen leiden. Der häufigste Grund sind Ohrmilben, mikroskopische Organismen. Ein frühes Symptom hiervon ist das schnelle Kopfschütteln, womit Ihr Kaninchen versucht, sein Ohr zu säubern. Falls keine Behandlung erfolgt, kann im Ohrinneren ein dauerhafter Schaden entstehen. Aus diesem Grund scheint Ihr Kaninchen im Moment eher »einseitig« zu sein. Ich rate Ihnen deshalb zu einem Besuch beim Tierarzt.

Ohrprobleme können bei Kaninchen mit langen oder kurzen, herabhängenden oder stehenden Ohren auftreten. Tiere mit Hängeohren scheinen für solche Probleme etwas anfälliger zu sein, wahrscheinlich, weil das Ohr nicht so gut gesäubert werden kann und auch, weil das Innere durch die Form des Ohrs so warm und gemütlich gehalten wird, dass Milben darin bequem leben und sich vermehren können. Machen Sie als Teil Ihrer regelmäßigen wöchentlichen Gesundheitschecks auch eine Ohruntersuchung. Ein gesundes Ohr sollte innen sauber aussehen und gut duften. Machen Sie auf jeden Fall den Geruchstest, da man ein infiziertes Ohr oft schon riechen kann, bevor die Infektion das äußere Ohr erreicht hat und sichtbar wird.

Versuchen Sie nicht, das Ohr Ihres Kaninchens mit Wattestäbchen oder Ähnlichem zu reinigen; Sie richten damit vielleicht mehr Schaden an als Gutes zu tun. Falls das Ohr verschmutzt ist, lassen Sie es vom Tierarzt untersuchen.

Krallen

Frage

Ich habe ein reizendes Kaninchen namens Oz, das zwei Jahre alt ist. Es macht uns große Freude und ist ein unterhaltsamer Kamerad, der an allem seinen Spaß hat, aber es hat einen großen Fehler – seine Pfoten. Oder, um genauer zu sein, seine Krallen. Ich hatte vorher noch nie ein Kaninchen, hatte aber schon einmal Katzen. Ich bin daran gewöhnt, dass Katzen ihre Krallen einziehen und sehe, dass Oz das nicht kann oder es nicht für nötig hält. Sie sind aber nun schon so lang, dass sie wie Klauen aussehen. In dieser Hinsicht wird er ganz seinem Namen entsprechend immer mehr zum Zauberer. Wissen Sie Rat?

Antwort

Das alles hört sich ziemlich schmerzhaft an, sowohl für Sie als auch für Oz. Anders als Katzen haben Kaninchen keine einziehbaren Krallen, sondern solche, die sich genau wie unsere Nägel und die Krallen von Hunden permanent draußen befinden. Ihre Katze hatte wahrscheinlich einen Kratzbaum oder benutzte einen Baum im Garten, um ihre Krallen sauber, kurz und scharf zu halten. Kaninchen nutzen ihre Krallen auf natürliche Weise durch Graben ab. Wenn sie das nicht können, ob sie drinnen oder draußen gehalten werden, dann ist es unsere Aufgabe, dafür zu sorgen, dass ihre Krallen nicht zu lang werden. Wenn sie zu lang sind, werden sie dem Kaninchen Schmerzen bereiten, da sie so seine Zehen abspreizen. Es ist notwendig, dass Sie Ihrem Kaninchen regelmäßig die Krallen schneiden, und zwar kurz vor dem »Leben«, das heißt kurz bevor die Blutgefäße und Nervenenden beginnen, damit sie nicht bluten. Dies geht ganz einfach mit kleinen Hundenagelscheren. Wenn Sie es nicht selbst tun möchten, bitten Sie Ihren Tierarzt, es für Sie zu tun oder Ihnen zumindest zu zeigen, wie es gemacht werden sollte. Kaninchenkrallen wachsen schneller bei jungen Tieren und bei Tieren, die sich wenig bewegen. Die Wachstumsschnelligkeit wird außerdem von der Ernährung beeinflusst; wenn Gras gefüttert wird, werden die Krallen im Frühling und im Sommer, wenn das Gras nahrhafter ist, schneller wachsen. Kaninchen haben an den Vorderpfoten fünf Zehen und an den Hinterpfoten vier, gehen Sie also sicher, dass Sie auch alle achtzehn kürzen. Dann können Sie und Oz beide wieder Freude am Kuscheln haben.

Kratzen

Kaninchen kratzen sich, um juckende Stellen loszuwerden und abgestorbene Haut und Fell sowie darin verfangene Pflanzenreste zu entfernen. Sie benutzen ihre Hinterbeine, um sich mit ihren scharfen Krallen am Fell zu kratzen, oftmals mit hoher Geschwindigkeit und anscheinend in gefährlicher Nähe zu ihren Augen. Falls Ihr Kaninchen sich beharrlich zu kratzen scheint, sogar bis es eine kahle Stelle hat, dann bringen Sie es bitte zum Tierarzt. Wahrscheinlich ist es von äußeren Parasiten wie Flöhen, Milben oder sogar Läusen befallen. Genieren Sie sich nicht dafür, dass Ihr Kaninchen sich solch ein Getier geholt hat; das passiert leicht, selbst bei den bestgehaltensten Tieren. Sie können von ihrer Umgebung auf sie übertragen werden – vielleicht fiel die Laus von einem Igel ab, der nachts vorbeikam, oder eine Nachbarskatze hat Flöhe verloren. Sie loszuwerden ist einfach und der Tierarzt wird Sie dazu beraten können. Wichtig ist, über die Gewohnheiten Ihres Kaninchens Bescheid zu wissen und zu erkennen, wenn irgendetwas nicht stimmt.

Madenbefall

Ein Befall mit Maden kann ein Kaninchen rasch entkräften und töten. Schon eine einzige Made kann ein Problem verursachen, doch wo eine Fliege ist, sind normalerweise gleich mehrere. Eine Fliege, die Eier legen will, wird von Orten angezogen werden, die warm, feucht und übelriechend sind. Gerüche, besonders solche von verwesendem Material oder Fäkalien, zeigen an, dass ihre sich entwickelnden Jungen Nahrung vorfinden werden. Kleine, schlecht belüftete Kaninchenställe, in denen kaum Luft zirkuliert, sind hierzu perfekt geeignet. Falls das Kaninchen Fäkalien oder Urin an seinem Fell kleben hat, wird die Fliege zu diesem Bereich hingezogen, da das Kaninchen das wärmste Objekt im Stall ist. Die Fliege wird ihre Eier auf das schmutzige Fell legen, gewöhnlich in die Nähe des Afters des Kaninchens. Bei warmem Wetter brauchen die Eier manchmal nur acht Stunden, um sich in die gefräßigen Larven zu verwandeln, die wir Maden nennen.

Die Maden werden rasch die am Fell Ihres Kaninchens klebenden Fäkalien fressen, was sie aber wahrscheinlich nicht zufrieden stellen wird. Sie werden damit fortfahren, Ihr Kaninchen buchstäblich bei lebendigem Leib aufzufressen. Falls das Kaninchen eine offene Wunde hat, ist dies ein günstiger Ausgangspunkt, doch die Maden bahnen sich ihren Weg auch durch das weiche Gewebe, das den Analbereich umgibt, und fressen sich durch es hindurch. Der Schaden kann grauenvoll sein. Zur Verdauung des rohen, lebenden Fleisches produzieren die Maden Substanzen, die giftig für das Kaninchen sind und es in einen Schockzustand versetzen. Das Kaninchen wird sich eventuell nie erholen. Wenn es eine Chance haben soll, muss umgehend etwas unternommen werden. Bringen Sie das Kaninchen sofort zum Tierarzt.

Ein Madenbefall ist etwas Furchtbares und nichts, was ein vernünftiger Mensch einem Lebewesen wünscht. Ein Tierhalter, dessen Kaninchen an diesem Zustand leidet und vielleicht daran stirbt, kann heftige Schuldgefühle entwickeln. Ein Madenbefall kann jedoch vermieden werden, und zwar ohne allzu viel Aufwand für den Halter.

Sehen Sie sich zuerst die Umgebung des Kaninchens an. Viele traditionelle Kaninchenställe bieten ideale Bedingungen – ideal für die Fliegen. Auf der Vorderseite haben sie eine Tür aus Maschendraht, auf der Hinterseite aber keine Ventilationslöcher, um Luft hindurchzulassen. Natürlich möchten Sie nicht, dass Ihr Kaninchen im Durchzug sitzt, aber wenn Sie in Dreiviertel der Rückwand eine Reihe von Löchern von einigen Zentimetern Durchmesser bohren, wird Ihr Kaninchen vor Durchzug geschützt sein, und die Luft kann gleichzeitig zirkulieren. Das wird helfen, einen Madenbefall und auch Atemwegsprobleme zu verhindern.

Die zweite Überlegung betrifft die Größe des Kaninchenstalls. Ist er wirklich groß genug? Wie Sie wahrscheinlich inzwischen bemerkt haben, meine ich, dass das Kaninchen ein integriertes Stall-Auslauf-System haben sollte, so dass es selbst entscheiden kann, ob es sich drinnen oder draußen aufhalten möchte (siehe *Raubtiere*, S. 135). Falls dies in Ihrem Fall nicht machbar ist, hat Ihr Kaninchen dann zumindest ausreichend Platz im Stall, um weit genug von seinem Toilettenbereich und von feuchter Einstreu entfernt sitzen zu können? Vielleicht meinen Sie, für ihr Kaninchen sei alles bestens, wenn Sie es jeden Tag von seinem Stall in seinen Auslauf bringen, doch wenn der Stall nur klein ist und das Kaninchen sich nachts in der Nähe von feuchter und schmutziger Einstreu befindet, dann kann es trotzdem von Maden befallen werden. Fliegen können spätabends und frühmorgens angreifen, bevor Sie Ihr Kaninchen holen kommen.

Ist der Stall sauber? Verschmutzte Einstreu und feuchte Zeitungen sollten täglich entfernt und der Stall einmal pro Woche gründlich ausgemistet und gereinigt werden. Das Schrubben des Stalls mit einer milden Waschlotion oder einem handelsüblichen Käfigreiniger ist genau richtig. Eine gute, altmodische Scheuerbürste ist hierfür unabdingbar, besonders, wenn Sie einen Holzstall haben, und es erfordert schon etwas Kraft, um alle Ecken und Verstecke wirklich sauber zu bekommen. Sorgen Sie dafür, dass der Stall vollständig trocken ist, bevor Sie ihn neu mit einer dicken Schicht Zeitungspapier und frischer Einstreu auslegen. Verwenden Sie keine Insektizide im Kaninchenheim oder in seiner Nähe, da sie genauso schädlich wie der Madenbefall sein können, den Sie zu verhindern versuchen.

Gewöhnen Sie sich an, täglich, wenn Sie Ihr Kaninchen füttern, sein Hinterteil auf im Fell verfangenen Schmutz, Fäkalien oder Durchfall hin zu überprüfen. Entfernen Sie das, was Sie sehen, indem Sie warmes Wasser zum Aufweichen verwenden, oder bitten Sie Ihren Tierarzt um ein Reinigungsmittel. Denken Sie daran, dass Ihr Kaninchen Durchfall bekommen könnte, wenn seine Ernährung plötzlich umgestellt wurde.

Viele Kaninchen, die an Madenbefall leiden, werden sehr gut versorgt, gewöhnlich zu gut. Ein dickes Kaninchen scheint vielleicht gesund zu sein, aber tatsächlich kann Ihr Kaninchen auch durch zu viel Gutmütigkeit getötet werden. Ein fettleibiges Kaninchen ist womöglich nicht mehr in der Lage, leicht seinen After zu erreichen, und kann daher nicht die weichen Kotbällchen auffangen, die es produziert (siehe *Ernährung*, S. 28 und 103). Diese kleben dann wahrscheinlich in seinem Fell fest und verursachen Verfilzungen. Die sind für Fliegen sehr attraktiv. Ein dickes Kaninchen kann sich außerdem nicht mehr richtig putzen.

Eine nicht artgerechte Ernährung kann auch bedeuten, dass das Kaninchen eine Zahnfehlstellung erleiden kann. Dies wiederum kann bedeuten, dass das Kaninchen unfähig ist, richtige Fellpflege zu betreiben. Ein Madenbefall ist dabei nur eines der vielen möglichen Probleme, die entstehen können, wenn ein Kaninchen schlechte Zähne hat (siehe *Ernährung*, S. 28).

Wenn Sie Ihr Kaninchen also sauber halten, ihm reichlich Platz bieten und es artgerecht und damit gut ernähren, dann sollten Sie nie in die schreckliche Situation kommen, Ihr Haustier an einem qualvollen Madenbefall leiden sehen zu müssen.

Markieren

Kaninchen markieren ihre Umgebung, um sie für sich selbst zu beanspruchen (siehe *Geruchsmarkierung*, S. 43). Sie tun dies, indem sie ihren Geruch an markanten Objekten und an Mitgliedern ihrer Kolonie hinterlassen, wozu natürlich auch ihre Halter gehören können.

Die üblichste Form des Markierens findet statt, wenn das Kaninchen das Objekt mit seinem Kinn markiert. Es wird sanft sein Kinn an der zu markierenden Stelle reiben und darauf eine Sekretspur aus seiner Kinndrüse hinterlassen. Der Geruch ist für Kaninchen offensichtlich attraktiv und wahrscheinlich auch recht intensiv, kann aber von uns Menschen nicht wahrgenommen werden. Auch scheint das Sekret keinerlei Schaden an Möbeln und Einrichtung anzurichten. Wenn Sie ein neues Objekt in das Revier Ihres Kaninchens setzen, ob in sein Gehege oder in Ihr Wohnzimmer, dann wird dieses untersucht und ordentlich mit dem Kinn eingerieben werden.

Sowohl männliche als auch weibliche Kaninchen benutzen Latrinen ...

Sowohl männliche als auch weibliche Kaninchen benutzen Latrinen für ihre Geschäfte. Diese dienen auch als Reviermarkierung. Hier und da werden auch außerhalb der Latrine Kotbällchen hinterlassen. Anders als Hunderüden, die jeden Laternenpfahl mit Urin scheinen bespritzen zu müssen, tendieren Kaninchen nicht dazu, Objekte zu bespritzen. Das Bespritzen anderer Kaninchen – oder Menschen – steht gewöhnlich mit Werbungsverhalten in Verbindung (siehe *Bespritzen*, S. 62), obwohl ein Urinstrahl auch auf ein untergeordnetes Tier abzielen kann. Eine Kastration kann helfen, dieses Verhalten zu reduzieren.

Mütterliche Aggression

Mütterliche Aggression wird so genannt, weil es sich um eine Aggression handelt, die nur gezeigt wird, wenn ein Weibchen hochträchtig ist oder gerade Babys hat. Mütterliche Aggression ist bei Tieren üblich und basiert auf dem instinktiven Wunsch der Mutter, ihre Jungen zu beschützen. Dieser Wunsch ist sehr stark; schließlich ist die Fortpflanzung die Hauptursache für das Leben. Weibliche Kaninchen können folglich extrem aggressiv sein, um die Ressourcen zu erlangen oder zu schützen, die sie für ihre Jungen benötigen. Manchmal kämpfen Häsinnen bis auf den Tod um das Zugangsrecht zu einer günstigen Stelle, an der eine Nisthöhle gegraben werden kann. Falls Ihre Häsin also einen Anfall mütterlicher Aggression hat, nehmen Sie sich in Acht.

Mütterliche Aggression kann auch auftreten, wenn ein Weibchen scheinträchtig ist. Scheinträchtigkeit kann sogar bei einer unkastrierten Häsin ausgelöst werden, die mit einem kastrierten Bock zusammenlebt. In dieser Situation vermitteln der Häsin ihre Hormone, sie sei bereit zur Paarung (siehe *Fortpflanzung*, S. 40) und sie wird womöglich mit dem Männchen flirten und sogar von diesem bestiegen. Da das Männchen kastriert ist, kann es sie zwar natürlich nicht befruchten, doch der Akt des Besteigens allein kann ausreichen, um bei ihr den Eisprung auszulösen und sie damit in eine Scheinträchtigkeit zu befördern.

Falls Ihre Häsin aggressiv wird, wenn Sie in die Nähe ihres Stalls, ihres Geheges oder ihres Käfigs kommen, dann kann es sein, dass es sich um mütterliche Aggression handelt. Versuchen Sie, sich daran zu erinnern, wann ihre Aggression begonnen hat. War es bei Frühlingsbeginn? Findet sie unversehens über einen Zeitraum von zwei bis drei Wochen statt und kehrt die Häsin dann genauso plötzlich wieder zu ihrem normalen, entspannten Verhalten zurück? Wenn ja, dann ist ihre Aggression wahrscheinlich hormonell bedingt, und die Antwort lautet, sie kastrieren zu lassen (siehe *Kastration*, S. 115).

Myxomatose

Der Myxomatose-Virus wurde in Großbritannien 1953 in der Kaninchenpopulation als Mittel eingeführt, um die zunehmende Zahl der Wildkaninchen zu bekämpfen, die in der Landwirtschaft als Plage angesehen wurden. Der Virus wurde aus Baumwollschwanzkaninchen-Populationen in Mittel- und Südamerika entnommen, wo die Tiere eine natürliche Immunität gegen die Infektion entwickelt haben, die bei ihnen lediglich eine kleine Geschwulst auf der Haut und leichtes Niesen hervorruft. Da die europäischen Kaninchen keine Resistenz gegen den Virus hatten, waren die Folgen ihres Kontaktes damit weitaus ernster. Als sie eingeführt wurde, wurden durch die Myxomatose 99,99 Prozent der britischen Wildkaninchen getötet. Seitdem hat die Wildpopulation einen Immunitätsgrad entwickelt und inzwischen wieder ihre ursprüngliche Zahl erreicht, was zu neuerlichen Kontrollmaßnahmen geführt hat (siehe *Zahlen*, S. 67).

Der Virus wird unter Kaninchen entweder durch direkten Kontakt oder durch Mücken, Stechmücken und insbesondere Kaninchenflöhe übertragen. Er geht in den Blutstrom über, woraufhin das Kaninchen, wenn es dafür anfällig ist, innerhalb einer Woche Infektionsanzeichen zeigt. Das erste Anzeichen ist eine Bindehautentzündung, bei der die Augen des Kaninchens anschwellen, sich entzünden und dicken Ausfluss zeigen. Daraufhin tritt auch aus der Nase Ausfluss aus und das Kaninchen niest und hat Atemschwierigkeiten. Im Augen-, Ohren und Nasenbereich sowie am hinteren Rückenteil des Kaninchens treten Geschwülste auf. Infizierte Kaninchen sterben gewöhnlich innerhalb von einer bis zwei Wochen nach den ersten Anzeichen, obwohl es natürlich schonender ist, sie einzuschläfern, bevor die Symptome zu schwer werden.

Eine Infektion mit Myxomatose kann durch regelmäßige Impfung leicht verhindert werden. Hierfür ist gewöhnlich eine jährliche Spritze erforderlich, obwohl in einigen Hochrisikogebieten zum vollen Schutz Ihres Haustieres häufigere Impfungen empfohlen werden.

Nackenbiss

Frage

Ich hätte gerne ein Meerschweinchen zu meinem Kaninchen, einem männlichen Kalifornier namens Brutus, der nicht so sehr wegen seines Temperamentes, sondern wegen seiner Größe so heißt. Er ist wirklich ein sanfter Riese. Ich mache mir jedoch Sorgen, weil ich von einigen Leuten gehört habe, dass das in Ordnung wäre, von anderen aber, dass er das Meerschweinchen, das ich dazu setze, töten wird. Könnten Sie das für mich aufklären?

Antwort

Viele Menschen sind der Meinung, dass Kaninchen und Meerschweinchen nicht zusammen gehalten werden können. Dies rührt aus der Tatsache, dass Meerschweinchen manchmal von Kaninchen getötet werden. Auch wenn beide erfolgreich zusammengeführt wurden und bisher freundschaftlich zusammen gelebt haben, kann es trotzdem passieren, dass das Kaninchen das Meerschweinchen durch einen Nackenbiss tötet. Dieses Problem tritt gewöhnlich bei männlichen Kaninchen auf. Während der Paarungszeit ist es möglich, dass das Männchen seine amourösen Absichten auf das Meerschweinchen überträgt. Falls das Meerschweinchen keine Rückzugsmöglichkeit hat, dann kann das Kaninchen versuchen, das arme Tier zu besteigen.

Während des Paarungsaktes neigt das Männchen dazu, das Weibchen zur Unterstützung mit dem Nackenbiss festzuhalten (siehe *Zucht*, S. 157). Wenn es das mit einem wesentlich kleineren Tier macht, etwa einem Meerschweinchen, und anfängt, Stoßbewegungen mit dem Becken zu vollführen, dann richtet es höchstwahrscheinlich damit Schaden an oder das Meerschweinchen stirbt an einem Schock. Aus Sicht des Meerschweinchens muss sich das anfühlen wie der Angriff eines Raubtieres.

Wenn Sie ein Meerschweinchen möchten, damit Brutus Gesellschaft hat, dann ist es sehr wichtig, dass beide reichlich Platz haben und das Meerschweinchen Orte zur Verfügung hat, an die es sich vor Brutus' Annäherungsversuchen zurückziehen kann (siehe *Zusammenführung mehrerer Tiere,* S. 160). Dies gilt für die Zusammenführung aller Tiere, hat aber besondere Bedeutung, wenn man den Größenunterschied zwischen einem Kalifornier, der über vier Kilo wiegen kann, und einem Meerschweinchen bedenkt. Außerdem lohnt es sich, darüber nachzudenken, Brutus kastrieren zu lassen, um seine sexuellen Bedürfnisse einzudämmen. Meine beiden ersten Kaninchen, Thumper und Nomad, waren beide Männchen und hatten Meerschweinchen als Kameraden. Keiner von beiden war kastriert (vor 30 Jahren war das nicht allgemein üblich), aber sie hatten große Stall-Gehege-Komplexe. Es gab nie vorzeitige Todesfälle, die Meerschweinchen lebten mindestens fünf Jahre und die Kaninchen noch wesentlich länger.

Nagen

Frage

Ich habe fast in meinem ganzen Leben Kaninchen gehalten, sie haben aber immer draußen in ihrem Stall mit Gehege gelebt. Ich hatte nie daran gedacht, ein Kaninchen als Wohnungskaninchen zu halten und würde es aber jetzt gerne ausprobieren. Kürzlich habe ich mein letztes Kaninchen im Alter von zehn Jahren verloren und seinen Nachfolger würde ich gerne drinnen halten. Allerdings mache ich mir Sorgen um meine Möbel. Ich habe einige antike Möbelstücke, ein paar Stühle und eine Kommode, und ich weiß, dass Kaninchen es lieben, an Holz herumzuknabbern. Im Laufe der Jahre musste ich Stall und Gehege ausbessern, wo die kleinen Kobolde sich durchgenagt hatten. Es würde mir das Herz brechen, wenn meine Möbel auf ähnliche Art und Weise behandelt würden, so sehr ich Kaninchen auch liebe. Kann ich da irgendetwas tun oder sollte ich die Idee mit dem Wohnungskaninchen aufgeben?

Antwort

Nein, geben Sie die Idee nicht auf. Es gibt einige Aspekte, die man bedenken muss, wenn man ein Kaninchen an das Leben im Haus gewöhnt (siehe *Sauberkeitserziehung*, S. 136, *Wohnungskaninchen*, S. 154, *Pica-Syndrom*, S. 133 und *Dressur*, S. 97). Die sicherste Antwort im Hinblick auf Ihre Möbel lautet, sie in ein Zimmer zu stellen, in das dem Kaninchen kein Einlass gewährt wird. Falls das nichts für Sie ist, beaufsichtigen Sie auf jeden Fall die Aktivitäten Ihres Kaninchens, wenn es frei herumläuft, bis es mehr über die Hausregeln weiß. Wenn es sich den betreffenden Möbelstücken nähert, sagen Sie mit fester Stimme den Namen Ihres Kaninchens und »Nein«. Falls es Sie nicht beachtet, bespritzen Sie es mit etwas Wasser aus Ihrem allzeit griffbereiten Pflanzenbesprüher. Um wirksam zu lernen, dass diese Möbelstücke tabu sind, muss Ihr Kaninchen *jedes* Mal, wenn es sich ihnen nähert, ein »Nein« hören (siehe *Verlangen nach Aufmerksamkeit*, S. 148). Das ist nicht so einfach, wie es sich anhört, und deshalb gibt es eine alternative Methode: Wickeln Sie etwas Frischhaltefolie um die Beine Ihrer Möbel und binden Sie darüber ein Stück Stoff. Besprühen Sie das Stück Stoff mit einem im Handel erhältlichen Abwehrmittel, das zur Abschreckung von Katzenjungen und Welpen gedacht ist. Achten Sie darauf, kein Spray auf die Möbel selbst zu sprühen. Erneuern Sie das Spray täglich und fahren Sie so lange damit fort, bis das Kaninchen das Interesse verliert. Das Ganze kann auch bei anderen Gegenständen durchgeführt werden.

Nervosität

Jedes Kaninchen ist ein Individuum, und sein Erwachsenenverhalten wird teils von Eigenschaften bestimmt, die es von seinen Eltern geerbt hat, teils von seinen Erfahrungen. Die Art und Weise, wie ein Tier auf einen bestimmten Reiz reagiert, etwa ein Geräusch, wird von seinen ererbten Persönlichkeitsmerkmalen beeinflusst werden. Natürlich reagieren alle Kaninchen auf Reize, die eine mögliche Gefahr anzeigen, doch einige werden stärker reagieren als andere. Bei vielen Tierarten, besonders bei Hunden, gibt es Anzeichen dafür, dass Nervosität ein ererbtes Merkmal ist.

Die Vererbbarkeit von Nervosität gilt genauso für Kaninchen. Zwar wird es innerhalb eines Wurfes und auch zwischen verschiedenen Rassen individuelle Unterschiede geben, aber einiges kann verallgemeinert werden. Kleinere Rassen neigen dazu, nervöser zu sein als größere – ein weiterer guter Grund, sich für eine größere Rasse zu entscheiden, wenn Ihr Kaninchen in einem geräuschvollen Haushalt leben soll oder wenn Kinder dabei sind. Junge, deren Mutter oder Vater nervös ist, sind wahrscheinlich nervöser als jene, deren Eltern entspannter sind, so dass es wichtig ist, sich wenn möglich beide Elternteile anzusehen, wenn Sie ein Kaninchen als Haustier auswählen. Verantwortungsvolle Züchter werden sich bemühen, dass Ihr zukünftiges Haustier gut sozialisiert wird (siehe *Babys*, S. 90). Es bleibt zu hoffen, dass ihre Jungen auch von ruhigen Eltern herstammen, doch Sie sollten bedenken, dass einige Züchter mehr am Aussehen als am Temperament ihrer Kaninchen interessiert sind. Dieses Problem gilt genauso für Hunde, wenn der Züchter mehr auf das Potenzial des Hundes, Schauen zu gewinnen, achtet, als auf seine Qualitäten als Haustier.

Ohrmilben

Siehe *Kopfschütteln*, S. 120.

Phobien

Phobien sind Ängste, die irrational sind. Manchmal vermuten wir bei Tieren Phobien. Sicherlich können Tiere scheinbar übermäßig Angst vor bestimmten Reizen haben, obwohl wir versuchen, sie zu beruhigen, beispielsweise der Hund, der bei einem Gewitter den Kopf unter Ihrem Bett versteckt und fürchterlich zittert. Wenn wir sie streicheln und beruhigen, scheint es ihnen nur noch schlechter zu gehen. In Wahrheit beruht das darauf, dass Zittern aus der Sicht des Hundes anscheinend das richtige Verhalten ist. Schließlich tätscheln ihn seine Halter, was sie immer tun, wenn er etwas Richtiges macht. Hunde sind soziale Tiere und werden bis zu einem gewissen Grad lernen, indem sie andere in ihrer Umgebung beobachten. Eine Methode, um zu verhindern, dass ein Hund Angst vor Donner hat, besteht darin, ihm sein Lieblingsspielzeug oder -futter zu holen. Einem Hund zu helfen, seine Angst zu überwinden, wenn sie sich bereits etabliert hat, ist komplizierter. Weitere Informationen hierzu erhalten Sie im Buch *Vom Strolch zum Freund* von John Fisher.

Auch Kaninchen können anscheinend an irrationalen Ängsten leiden. Es lässt sich darüber streiten, ob diese wirklich irrational sind. Es lässt sich argumentieren, dass die Angst an einem bestimmten Punkt verstärkt wurde und daher zu diesem Zeitpunkt rational war, obwohl sie jetzt womöglich nicht mehr angebracht ist. Das ist etwas anderes als Irrationalität. Ich teile diese Sichtweise. Die Macht des Lernens aus Assoziationen ist wirklich erstaunlich, insbesondere, wenn es mit Angst auslösenden Konsequenzen zusammenhängt, die mit einem Reiz oder einem Ereignis assoziiert werden. Für jedes Tier ist es wichtig, seine Lehren aus Dingen, die möglicherweise gefährlich sind, zu ziehen und sie sich zu merken. Das sind Lektionen, an die es sich ein Leben lang erinnern muss. Ich würde behaupten, dass es sich bei dem, was wir bei Tieren (und wahrscheinlich auch bei Menschen) als Phobien einstufen, tatsächlich um Ängste handelt, die unangebracht sind und bei denen wir nicht die ursprüngliche, angebrachte Assoziation kennen, die das Tier einmal bildete.

Frage

Ich habe ein Hauskaninchen unbekannter Rasse namens Velvet. Er ist sehr niedlich und ich habe keine Probleme mit ihm, außer das normale gelegentliche Knabbern an Sachen, die er nicht anknabbern sollte. Eine seiner Verhaltensweisen allerdings gibt mir Rätsel auf. Er scheint eine Phobie vor dem Treteimer in der Küche zu haben. Zwar kommt er gerne mit mir in die Küche, aber er wagt sich nicht in die Nähe der Einbuchtung, in der sich der Abfalleimer befindet. Stattdessen macht er einen großen Bogen, um von einem Ende der Küche zum anderen zu gelangen. Ich glaube nicht, dass es das Geräusch des Abfalleimers ist, das ihn beunruhigt, da er nicht wegläuft, wenn ich etwas hineinwerfe. Was noch seltsamer ist, ist die Tatsache, dass er früher immer gerne unter der Arbeitsfläche in der Nähe saß. Könnten Sie mir das bitte erklären, und können wir irgendetwas tun, um ihm zu helfen?

Frage

Ich kann verstehen, dass Sie meinen, Velvets Angst sei irrational; was hat der Abfalleimer ihm schließlich getan? Sicherlich handelt es sich insofern um eine irrationale Angst, als der Abfalleimer wirklich ein harmloses Objekt ist. Sie könnte jedoch einen rationalen Hintergrund haben, weil Velvet eine Assoziation mit dem Eimer und einem unangenehmen Ereignis gebildet hat. Da Sie keinen Hinweis geben konnten, was das gewesen sein könnte, ist es möglich, dass es passierte, als Sie nicht da waren oder es in jenem Moment so unbedeutend schien, dass Sie es nicht zur Kenntnis nahmen. Was für uns aber unbedeutend sein mag, kann für Velvet sehr außergewöhnlich und wichtig sein. Vielleicht saß er zum Beispiel friedlich da und war ganz mit sich selbst beschäftigt, als jemand etwas in den Eimer werfen wollte und daneben warf; es könnte etwas Flüssiges oder Festes gewesen sein, verwirrte ihn aber genug, um zu beschließen, dass dies kein sicherer Ort mehr war. Eine weitere Möglichkeit ist, dass er sich gerade an diesem sicheren Ort aufhielt, als er von einem begeisterten Kind oder einer neugierigen Katze oder einem Hund aufgespürt wurde. Vielleicht fällt Ihnen ein Ereignis ein, das sein Verhalten erklären könnte, aber oft wissen wir einfach nicht, was der ursprüngliche Reiz war, der dem Tier anzeigte, dass es dort etwas gab, vor dem man sich fürchten musste.

Die Frage ist, ob Sie etwas tun können, um Velvet zu helfen, seine Angst zu überwinden. Das können Sie, aber Sie werden Zeit und Geduld dafür brauchen. Ich schlage vor, dass Sie zunächst einmal den Treteimer vollständig aus der Küche entfernen (und ihn vielleicht ein paar Tage lang in die Garage stellen). Dadurch wird geklärt, ob das Problem der Eimer an sich oder sein Standort ist. Nachdem Sie den Eimer entfernt haben, legen Sie eine Spur mit Velvets Lieblings-Leckerchen von einem sicheren Bereich der Küche bis zum ehemaligen Standort des Treteimers. Je näher die Spur dem Standort kommt, desto größer muss die Menge und Qualität der Leckerchen werden – Qualität natürlich aus Velvets Sicht – und die leckersten Happen sollten die größte Nähe zum Standort haben. Wenn er den Standort gerne betritt, dann ist der Eimer an sich das Signal für seine Angst; wenn nicht, dann muss seine Angst überwunden werden, bevor Sie den Eimer wieder aufstellen.

In beiden Fällen ist das Prinzip dasselbe, nämlich, ihm die Möglichkeit zu geben, den Standort und den Eimer mit etwas Gutem zu assoziieren. Dazu wird wie beschrieben Futter gehören, aber Sie könnten sich auch neben oder sogar an den Standort selbst setzen und ihn ermutigen, zu Ihnen zu kommen. Falls der Eimer das Problem ist, werden Sie ihn an anderer Stelle im Haus aufstellen müssen, damit Velvet positive Assoziationen außerhalb der Küche bilden kann, bevor Sie den Eimer wieder zurück in die Küche bringen, so dass Sie schließlich mit dem kombinierten Reiz Eimer und Küche arbeiten.

Pica-Syndrom

Hierbei handelt es sich gewöhnlich um ein Problem, von dem Halter von Wohnungskaninchen berichten; es bezieht sich auf die Angewohnheit des Kaninchens, scheinbar unaufhörlich alles anzuknabbern – Stromkabel, Plastikflaschen, wertvolle Bücher (besonders mit Ledereinfassung) und liebevoll gepflegte Möbel. Oft wird das Problem gelöst, indem das Tier in einen Außenstall verbannt oder im Tierheim abgegeben wird.

Anders als beim Pica-Syndrom von Hunden und Katzen ist beim Kaninchen das Fressen von ungeeignetem Material wie Plastik oder Stromkabeln gewöhnlich kein Symptom eines tiefer liegenden psychologischen Problems, sondern spiegelt einfach seine Anatomie wider. Kaninchen haben Zähne mit offenen Wurzeln, die eine ständige Abnutzung erfordern, kombiniert mit einem starken Drang zu grasen. Herunterhängende Kabel finden Kaninchen besonders unwiderstehlich. Das kann etwas mit dem Grabeverhalten zu tun haben, wenn Kaninchen sich durch Pflanzen- und Baumwurzeln beißen müssen, die sich durch ihre Gänge ziehen. Die einzige Lösung für die Halter besteht darin, ihre Wohnung kaninchensicher zu gestalten: Begrenzen Sie den Zugang zu Kabeln etc., setzen Sie, wo möglich, das Wort »Nein« und geschmackliche Abwehrmittel ein (siehe *Nagen*, S. 129 und *Wohnungskaninchen*, S. 154), bieten Sie dem Kaninchen geeignete Objekte zum »Zerschneiden und Zermahlen« in Form von artgerechter Nahrung an, um das Weidebedürfnis zu befriedigen, sowie viel Spielzeug. Und schließlich das Wichtigste: Lassen Sie Ihr Kaninchen nicht frei im Haus herumlaufen, wenn es nicht beaufsichtigt wird.

Frage

Das Kaninchen meiner Tochter, Willow, lebt im Garten in einem Stall mit Gehege, kommt aber abends oft für ein paar Stunden herein. Meine Tochter nimmt sie mit in ihr Zimmer, während sie ihre Hausaufgaben macht, oder ins Wohnzimmer, während sie fernsieht. Willow ist äußerst wohlerzogen, bis auf ihre Leidenschaft, die Tapete von den Wänden zu reißen und darauf herumzukauen. Abgesehen von unserer Sorge, ob dies schädlich für sie ist, ist es bisher kein Problem, da das Haus ohnehin eine Modernisierung braucht. Wir möchten jetzt jedoch beide Räume neu renovieren und würden uns freuen, wenn die neue Tapete in Ruhe gelassen würde.

Antwort

Tapeten können eine große Anziehungskraft auf Kaninchen ausüben. Oft fängt es mit einem winzigen, losen Stück an und kann sich fortsetzen, bis Ihre Wand scheußlich aussieht, mit blanken Putzflecken und herunterbaumelnden Papierfetzen. Das Papier ist wahrscheinlich so attraktiv, weil es faserig und kaubar ist. Einige Tiere scheinen außerdem den Geschmack des Tapetenkleisters zu mögen. Willow hat bisher offensichtlich das Tapetenknabbern überlebt, Tapeten sind jedoch nicht zum Essen gedacht, und ich würde mich nicht gerne definitiv darauf festlegen, dass sie keine schädlichen Auswirkungen haben. Vielleicht ist es am besten, den unteren Teil Ihrer Wände mit Plexiglasstreifen kaninchensicher zu machen. Dies hat den zusätzlichen Vorteil, dass so auch die versehentliche Abnutzung durch Menschen verhindert wird.

Quantenphysik (Schrödingers Kaninchen)

Wenn Sie nicht in den Kaninchenstall schauen, wissen Sie nicht, ob der Kaninchenstall gesäubert werden muss oder nicht, oder ob das Kaninchen gesund ist oder nicht!

Erwin Schrödinger (1887 – 1961) war ein österreichischer Theoretiker, der auf dem Gebiet der Quantenphysik arbeitete. Er konstatierte, dass in der Quantenphysik ein System gleichzeitig in all seinen möglichen Zuständen existiert, bis es beobachtet wird und so nur noch einen davon einnimmt.

Sein berühmtes »Gedankenexperiment« zu diesem Thema ist als Schrödingers Katze bekannt und lautet wie folgt: Man setze eine Katze in eine vollständig abgeschlossene Kiste mit einer Probe radioaktiven Materials und einer Flasche Gift. Wenn von dem radioaktiven Material eine ausreichende Menge zerfallen ist, wird es einen Hammer aktivieren, der seinerseits die Giftflasche zertrümmern wird, aus der dann tödliche Dämpfe austreten werden. Schrödinger gibt an, dass die Katze zu jedem Zeitpunkt entweder lebendig sein (weil die Flasche nicht zerbrochen ist) oder tot sein wird. Die Katze existiert gleichzeitig in zwei möglichen Zuständen – das heißt, bis die Kiste geöffnet und festgestellt wird, in welchem Zustand die Katze nun tatsächlich ist, lebendig oder tot.

Raubtiere

Wildkaninchen haben viele Feinde und das gilt genauso für Hauskaninchen. Füchse, Wiesel, Katzen und Hunde machen von Natur aus keinen Unterschied zwischen Wild- und Hauskaninchen: Alle sind essbar. Um sich eine Mahlzeit zu fangen, muss ein Raubtier trickreich und schnell sein. Ihr Kaninchen kann verloren gehen, bevor Sie es ahnen, wenn Sie keine Vorkehrungen treffen.

Falls Sie Ihrem Haustier Freilauf im Garten gewähren wollen, dann empfehle ich Ihnen unbedingt, sich gleichzeitig draußen aufzuhalten, um die Dinge im Auge zu behalten. Falls nicht, dann sorgen Sie auf jeden Fall dafür, dass es viele Schutzmöglichkeiten gibt, die für Katzen oder andere neugierige Tiere nicht zugänglich sind. Die beste Methode hierfür ist, Ihrem Kaninchen einen gut ausgebauten Stall-Gehege-Komplex zur Verfügung zu stellen. Der Stall kann sich entweder innerhalb des Geheges befinden oder an einem Ende angeschlossen sein. Alternativ möchten Sie vielleicht ein tragbares Gehege haben, das Sie auf dem Rasen umstellen können. In diesem Fall sorgen Sie unbedingt dafür, dass Ihr Kaninchen im Gehege einen Unterschlupf hat. Materialien aus Holz sollten etwas über dem Boden stehen, damit sie nicht feucht werden. Womöglich müssen Sie eine Rampe anbauen, um Ihrem Kaninchen den Eintritt zu erleichtern.

Ihr Gehege sollte über einen Drahtboden verfügen, sowohl um Ihr Kaninchen davon abzuhalten, sich hinauszugraben, als auch einen Fuchs, sich hineinzugraben. Außerdem ist ein Deckel erforderlich. Dieser kann leicht mit einem mit Draht bespannten Holzrahmen gebaut werden. Befestigen Sie ein paar Haken daran, um ihn sicher am Hauptgerüst des Geheges zu befestigen. Nachts, wenn die meisten Raubtiere auf die Jagd gehen, ist es ratsam, Ihr Kaninchen sicher in seinem Stall einzuschließen.

Ich bin mir sicher, dass der Verlust Ihres Kaninchens durch ein Raubtier auch für Sie extrem traurig ist, und Vorsichtsmaßnahmen sind der einzige Weg, um Sie davor zu bewahren.

Sauberkeit
Siehe *Madenbefall*, S. 122.

Sauberkeitserziehung
Die Sauberkeitserziehung ist eine wichtige Voraussetzung dafür, dass Sie und Ihr Kaninchen friedlich drinnen zusammenleben können. Immerzu hinter Ihrem Kaninchen herputzen zu müssen, wird Ihrer Beziehung nicht zuträglich sein. Da Kaninchen in freier Natur Latrinen benutzen, können Sie sich ihr Verhalten zunutze machen, indem Sie Ihrem Kaninchen beibringen, dort ihr Geschäft zu verrichten, wo Sie es wünschen, in einer Toilettenbox.

Wenn Sie Ihr zukünftiges Wohnungskaninchen zum ersten Mal hineinbringen, stellen Sie ein Gehege bereit, das so groß ist, dass eine Toilettenbox, ein Futternapf, eine Heuraufe und eine Trinkflasche hineinpassen und das so viel Platz bietet, dass Ihr Kaninchen umherlaufen kann. Das Gehege sollte in einer ruhigen Ecke des Zimmers stehen, wo das Kaninchen Sie sehen und hören kann. Legen Sie den Käfig mit einer Zeitung aus und bedecken Sie diese mit Stroh. Füllen Sie Papierschnipsel in die Toilettenbox. Legen Sie ein paar Kotbällchen Ihres Kaninchens oder etwas uringetränktes

Falls Sie einen Hund haben, kann er lernen,
Ihrem Kaninchen für den Fall der Fälle zu folgen ...

Papier aus seiner Transportbox in die Box. Damit ist alles für Ihr Kaninchen vorbereitet.

Wenn Sie die Heuraufe so anbringen, dass das Kaninchen sich in der Box befinden muss, um das Heu zu fressen, werden Sie es mit der Gewöhnung Ihres Kaninchens an die Toilettenbox einfacher haben. Es ist ratsam, das Kaninchen einige Tage lang im Gehege zu lassen, damit es sich sein eigenes, sicheres Reich herrichten kann. Dazu wird gehören, dass es um seinen Käfig herum als Geruchsmarkierung einige Kotbällchen verteilt. Der Käfig sollte immer ein sicherer Ort für Ihr Kaninchen sein, an den es zurückkehren, in dem es schlafen und sein Geschäft verrichten will. Locken Sie Ihr Kaninchen stets aus seinem Stall, zwingen Sie es niemals. Damit die Box weiter als Toilette betrachtet wird, legen Sie eine kleine Menge gebrauchte Streu wieder hinein, wenn Sie sie säubern.

Vielleicht passiert Ihrem Kaninchen ein Missgeschick, wenn es sich im Haus herumtreibt. Dabei wird es sich um harte Kotbällchen handeln, die leicht aufgesammelt oder aufgesaugt werden können. Falls Sie einen Hund haben, kann er lernen, Ihrem Kaninchen für den Fall der Fälle zu folgen, wenn es irgendwo Kotbällchen hinterlässt. Die meisten Hunde scheinen zu denken, es handele sich um exzellente Leckerbissen, und Sie brauchen sich keine Sorgen zu machen, da sie keinen Schaden anrichten.

Scharren

Frage

Dieses Jahr haben wir beschlossen, uns ein Hauskaninchen anzuschaffen und besitzen nun einen hübschen kleinen Widder, den wir Hannah genannt haben. Wir haben sie im Februar geholt und meinten, es sei zu kalt, um sie nach draußen zu setzen, also bauten wir ihr einen tragbaren Stall mit Gehege, den wir für sie in der Garage aufstellten. Jetzt, wo es wieder wärmer ist, haben wir ihn für sie auf den Rasen gestellt. Sie scheint sich wirklich zu freuen, knabbert herum, rennt in ihren Stall und wieder hinaus und liegt in der Sonne und fängt ihre Strahlen ein. Mein Mann genießt das Leben nicht ganz so sehr. Er ist niemand, der einen Ziergarten mit vielen Blumen will – was mit zwei Kindern und einem Hund auch schwierig wäre –, aber er hatte schon immer seine Freude an einem schönen grünen Rasen. Deshalb haben wir auch einen Rüden und keine Hündin, weil der Urin von Hündinnen tendenziell braune Flecken auf dem Rasen hinterlässt. Mein Mann hatte sich ziemlich darauf gefreut, dass Hannah ihm im Garten »helfen« würde, mit einem bisschen natürlichem Mähen und Düngen und auch noch mit der Möglichkeit, die schmutzigen Zeitungen und das Stroh aus ihrem Stall auf den Kompost geben zu können. Und all das tut sie auch, aber sie scharrt auch kahle Stellen in den Rasen. Hilfe! Mein Mann ist entsetzt und murmelt Wörter wie »Kaninchenbraten« in seinen Bart. Zu seiner Verteidigung sollte ich hinzufügen, dass er nur, um Hannah eine Freude zu machen, an einer Stelle in seinem Blumenbeet Möhren gepflanzt hat.

Antwort

Oh je, ich kann das Gemurmel bis hierhin hören. Ich bin mir sicher, dass viele Leser Mitgefühl mit Ihrem Mann haben, besonders jene, deren Garten von Wildkaninchen aufgesucht wird. Es hat schon seinen Sinn, dass unsere Hauskaninchen so viele liebenswerte Eigenschaften haben, dass sie ihre Vergehen wieder gutmachen. Tatsächlich kann dieses Problem recht einfach gelöst werden. Hannah scharrt aus einem oder mehreren Gründen. Vielleicht sucht sie nach schmackhaften jungen Wurzeln, stellt sich vor, sie hebe einen Bau oder gar eine Nisthöhle aus, falls sie nicht kastriert wurde, oder sie fühlt die warme Sonne und versucht, sich eine schattige Mulde aus kühler, blanker Erde herzurichten. Sie sagen nicht, wie groß oder tief diese Löcher sind, daraus ließe sich das Ausmaß der Motivation ihres Verhaltens ableiten. Decken Sie den Boden ihres Geheges einfach mit einem Hühnerdraht ab oder, falls sie kleine Pfoten hat, mit einem engen Maschendraht mit jeweils 1,5 × 2 cm großen Löchern. Das Gras kann so noch hindurchwachsen, aber die Ausgrabungen werden gestoppt. Vielleicht möchten Sie ihr auch eine Grube zum Scharren geben (siehe *Graben*, S. 107 und *Kaninchenbau*, S. 114), eine Box mit kühler Erde oder ein paar Tonröhren, in die sie sich hineinlegen kann (siehe *Agoraphobie*, S. 76 und *Anregung*, S. 84).

Schlupfwinkel

Auf die Gefahr hin, dass ich mich wiederhole, sage ich hier noch einmal, dass Kaninchen Beutetiere sind und einen sicheren Ort benötigen, an den sie sich zurückziehen und wo sie sich entspannt fühlen können. Dies ist ihr Schlupfwinkel. Dabei kann es sich um den Schlafbereich in ihrem Stall oder um einen Käfig in der Wohnung handeln. Es sollte recht dunkel darin sein. In der Wohnung stellen Sie den Käfig in eine ruhige Ecke und bedecken Sie ihn teilweise mit einem Tuch. Es ist sinnvoll, Kindern beizubringen, dass das Kaninchen, wenn es sich in seinem Schlupfwinkel befindet, in Ruhe gelassen werden soll. Dieselbe Regel gilt für Erwachsene. Auf diese Weise kann das Kaninchen selbst entscheiden, wann es von der Aufmerksamkeit von Kindern oder Erwachsenen genug hat.

Schmerzbezogene Aggression

Genau wie wir können auch Kaninchen ausnehmend mürrisch werden, wenn sie unter dem Wetter leiden oder Schmerzen haben. Schmerzen können vorübergehend und leicht behandelbar sein, etwa ein milder Befall mit Ohrmilben, oder ihre Quelle kann subtiler und chronisch sein. Arthritis, Knochendeformationen oder Belastungen durch ungenügenden Auslauf, oder Zahnprobleme, durch die scharfe Kanten entstehen, die in das weiche Gewebe des Gesichts eindringen, Abszesse oder einfach nur eine verletzte Zunge können ihr Kaninchen aggressiv machen. Wenn Ihr ehemals freundliches Kaninchen anfängt, sich aggressiv zu verhalten, sollte Ihr erster Anlaufpunkt Ihr Tierarzt sein, um sicherzugehen, dass keine körperliche Ursache für die Verhaltensveränderung vorliegt.

Schreien

Kaninchen können schreien bzw. etwas ausstoßen, das genauer als ein durch Mark und Bein gehender, herzzerreißender Schrei zu bezeichnen ist. Sie tun dies nur, wenn sie in Angst versetzt wurden oder extreme Schmerzen haben, unter natürlichen Bedingungen am häufigsten, wenn sie von einem Raubtier gefasst worden sind, vielleicht um zu versuchen, es abzuschrecken. Ein Kaninchen, dem eine Injektion verabreicht oder das eingeschläfert wird, kann so schreien; das ist zwar selten, aber es kann passieren. Für den Halter kann dies sehr schlimm sein, und das ist es auch schon, wenn man sich nur der Möglichkeit bewusst ist. Aus diesem Grund werden einige Tierärzte Ihnen vorschlagen, nicht dabei zu sein, wenn Ihr Kaninchen eingeschläfert wird. Die Injektion zum Einschläfern eines Kaninchens erfolgt direkt in den Blutstrom, gewöhnlich direkt ins Herz oder in eine Ohrvene. Sie wirkt fast sofort, das Kaninchen scheint keine Not zu leiden und stirbt ganz ruhig (siehe *Tod*, S. 142).

Springen

Kaninchen können springen, obwohl sie nicht so gut dafür gebaut sind wie andere Säugetiere. Ihr Körper ist eher für Hoppel- statt für Lauf- und Springbewegungen ausgelegt. Wenn sie vor Raubtieren davonlaufen, werden Kaninchen oft mittelhohe Sprünge vollführen und bei der Fortbewegung ihren Körper drehen. Das hilft ihnen, bei hoher Geschwindigkeit ihre Richtung zu ändern. Falls Sie planen, Ihrem Kaninchen einen Hindernislauf zu bauen, gehen Sie sicher, dass die Hindernisse nicht zu hoch sind und dass Ihr Kaninchen als Jungtier die Möglichkeit hatte, sich zu bewegen und daher keine schwachen Muskeln und Knochen hat (siehe *Wendigkeit*, S. 153 und *Aufregung*, S. 87).

Kaninchen sind ziemliche Experten in Fragen der Flucht und können die Kunst des Springens mit der des Kletterns kombinieren, um über Hindernisse wie Maschendrahtzäune zu gelangen. Es ist daher sinnvoll, dafür zu sorgen, dass das Gehege Ihres Kaninchens ein fest angebrachtes Dach hat. Es gibt einen Bericht über eine Zwergwidderdame, die es schaffte, eine 1,5 Meter hohe Stalltür zu erklimmen. Ob sie damit den Weltrekord innehat, ist mir nicht bekannt.

Territoriale Aggression

Kaninchen, insbesondere Männchen, zeigen Revierverhalten, zum Beispiel Duftmarkierung. Sie können auch aggressiv werden, wenn sie meinen, dass in ihr Territorium eingedrungen wird. Auch Weibchen können wegen ihres Reviers während der Paarungszeit recht aggressiv werden. Bei beiden Geschlechtern ist dieses Verhalten wahrscheinlicher, wenn sie nicht kastriert sind (siehe *Kastration*, S. 115). Es kann zwar auf Menschen umgelenkt werden, doch häufiger ist ein Käfiggenosse des gleichen Geschlechts das Angriffsziel.

Territoriale Aggression kann verhindert werden, indem Sie Ihre Kaninchen kastrieren lassen und, was genauso wichtig ist, indem Sie ihnen ausreichend Freiraum geben, mit Stellen, an die sie sich voreinander zurückziehen können, etwa Tonröhren und/oder zwei kleine Ställe im Gehege statt eines einzelnen. Wenn Tiere, einschließlich Menschen, eingeengt werden, gewinnen Freiraum oder Revier an Wert. Als Folge dessen wird die Wahrscheinlichkeit der Aggression über das wenige, was da ist, ebenfalls ansteigen.

Tierärzte

Tierärzte sind gut geschulte Experten, die mehrere Jahre an der Universität studiert haben. Zwar ist das eine lange Zeit, doch es ist nicht genug, um jeden Aspekt der Tiergesundheit für die riesige Zahl der Tierarten abzudecken, mit denen Tierärzte sich befassen müssen. Während die meisten Tierärzte über ein Grundwissen über Kaninchen verfügen, besonders hinsichtlich der Notwendigkeit von Impfungen, haben nur wenige Fachkenntnisse. Kaninchen spielen im Studienplan der Tierärzte meist nur eine Nebenrolle. Noch bis vor kurzem wurde tatsächlich noch gedacht, für ein krankes Kaninchen könne man nicht viel tun.

In der Kaninchenmedizin hat es jedoch inzwischen einige Fortschritte gegeben, gepaart mit dem zunehmenden Interesse der allgemeinen Tierärzte. Ich bin sicher, dass dieses Interesse gefördert wird vom Anstieg der Popularität des Kaninchens als Haustier, dem die Halter sehr zugetan sind und damit alles Mögliche tun, um es bei guter Gesundheit zu erhalten.

Tod

Es gibt im Leben eine Garantie, nämlich die, dass es nicht ewig dauert. Ob Ihr Kaninchen zu Hause stirbt oder vom Tierarzt eingeschläfert werden muss, Sie werden gewiss erschüttert sein. Das ist vollkommen normal, und Sie sollten zulassen, über den Verlust eines Gefährten zu trauern, der Ihnen in seinem Leben so viel Freude gemacht hat.

Oft vergessen wir, dass auch Tiere Bindungen eingehen. Womöglich sind Sie nicht der einzige, der das verstorbene Kaninchen vermisst. Auch der Käfiggenosse Ihres Kaninchens oder der Hund oder die Katze der Familie können sich vor Kummer verzehren und ziemlich bedrückt erscheinen und kein Interesse mehr an ihrem Futter zeigen. Es scheint für sie noch schlimmer zu sein, wenn das verstorbene Kaninchen aus ihrer Sicht einfach nur verschwunden zu sein scheint, so dass es rücksichtsvoll ist, die anderen Tiere den Leichnam sehen zu lassen. Vielleicht verbringen sie einige Zeit damit, ihn abzulecken, bevor sie erkennen, dass er nicht mehr reagieren wird. Wenn Ihre verbleibenden Haustiere zu trauern scheinen, versuchen Sie, ihr Interesse an der Welt mit besonders viel Zuwendung, Lieblings-Leckerchen, Spielen oder bei Hunden mit Spaziergängen wieder aufleben zu lassen.

Trance

Frage

Vor kurzem wurde mir gesagt, dass mein Kaninchen es vielleicht nicht mag, auf seinen Rücken gedreht zu werden und sich den Bauch kraulen zu lassen. Stimmt das? Es liegt dann immer so still, dass ich davon ausgehe, dass es entspannt und glücklich ist. Ich kann nicht wirklich glauben, dass es nicht glücklich ist, da es sich manchmal aus eigenem Antrieb auf den Rücken rollt.

Antwort

Leider muss ich sagen, dass das, was Sie da gehört haben, so stimmt. Es ist ein verbreiteter Irrglaube, Kaninchen, die auf den Rücken gedreht wurden, seien entspannt und glücklich. Tatsächlich ist das Gegenteil der Fall.

Wenn es auf den Rücken gedreht wird, kämpft ein Kaninchen vielleicht anfangs noch, aber die Muskeln entspannen sich sehr schnell und das Tier verfällt in einen anscheinend tranceartigen Zustand, in dem die einzige Bewegung im gelegentlichen Zittern eines oder beider Hinterbeine besteht. Das Ende dieses Zustandes tritt so schnell ein, wie er gekommen ist, und zwar mit einem charakteristischen, plötzlichen korrigierenden Reflex und einer Vorwärtsbewegung. Wenn das Tier zu diesem Zeitpunkt weiter festgehalten wird, wird es kämpfen und kann aggressiv werden.

Die gängige Erklärung, die auf dem beruht, was wir über Hunde- und Katzenverhalten wissen, lautet, das Kaninchen befinde sich in einem Zustand »vollkommener Glückseligkeit«; der Wechsel in die Aktivität wird als anomal betrachtet. Wir sollten jedoch daran denken, dass ein Kaninchen weder eine Katze noch ein Hund ist, sondern ein Beutetier. Wenn wir uns das Verhalten aus diesem Blickwinkel ansehen, dann gelangen wir zu einer vollkommen anderen und schlüssigeren Interpretation.

Wenn sie von einem Raubtier gefasst werden, erstarren viele Beutetierarten. Das Kaninchen legt seine Ohren an, schließt seine Augen teilweise oder ganz und verfällt in einen Starrkrampf. Diese Unbeweglichkeit erhöht die Wahrscheinlichkeit, dass das Tier unverletzt oder nur leicht verletzt fliehen kann, da es so einer erfolgreich erlegten Beute ähnelt. Das Raubtier lockert daraufhin seinen Biss, um die Beute in eine Position zu bringen, in der sie leichter verschluckt werden kann. Die Veränderung des Griffes stimuliert beim Kaninchen die Fluchtreaktion wie oben beschrieben. Wenn ihm entgegengewirkt wird, wechselt das Fluchtverhalten in Kampf, dem

Babykaninchen lernen, wie man nicht zur Beute wird.

letzten Versuch, dem Tod zu entkommen. Die ganze Zeit über ist das Kaninchen bei Bewusstsein und sich seiner Lage sehr gut bewusst und wartet nur auf den Sekundenbruchteil, in dem es versuchen kann, seine Freiheit wiederzuerlangen.

Es scheint ein bisschen seltsam, dass Sie den Herzschlag des Kaninchens nicht spüren und auch in seinen Muskeln nicht besonders viel Steifheit bemerken können, wenn sie es umgedreht festhalten, so dass das Kaninchen vollkommen entspannt erscheint. Wissenschaftler haben nachgewiesen, dass Stress verschiedene Auswirkungen haben kann, die mit dem Typ des Stressfaktors und der Reaktion der jeweiligen Tierart zusammenhängen. Wenn Sie ein Kaninchen sind, das versucht, ein frisch getötetes Tier nachzuahmen, sind eine niedrige Herzfrequenz und ein entspannter Körper eine Anpassung daran. Forscher haben beim Studium von Hühnern, die eine ähnliche »Erstarrungs«reaktion zeigen, herausgefunden, dass einige Minuten vergehen, bevor die Herzfrequenz eines Huhns wieder normal wird, wenn die Stressquelle beseitigt wurde.

Sie geben außerdem an, dass Ihr Kaninchen sich, wenn es sich wohl fühlt, freiwillig auf den Rücken rollt. Dies ist ein ganz übliches Verhalten, unterscheidet sich jedoch vollkommen davon, umgedreht zu werden. Derzeit untersuchen einige Kollegen und ich dieses Trance-Phänomen bei Kaninchen, um wissenschaftliche Daten darüber zu erlangen, was genau mit der Herzfrequenz eines Kaninchens passiert, wenn es umgedreht wird und nachdem ihm erlaubt wurde, sich wieder neu auszurichten. Bis wir Genaueres wissen, ist davon auszugehen, dass sie anderen Beutetieren ähnlich sind und dass wir sie nur in Trance versetzen, wenn wir sie für ihren wöchentlichen Gesundheitscheck untersuchen müssen, um ihnen die Krallen zu schneiden oder um zu bestimmen, ob es sich um Männchen oder Weibchen handelt.

Umgelenkte Aggression

Die Bezeichnung umgelenkte Aggression bezieht sich auf eine Aggression, die auf ein Objekt oder ein Tier gerichtet ist, das nicht die wirkliche Ursache der Aggression ist. Wenn Sie beispielsweise bei der Arbeit jemand verärgert hat, sind Sie womöglich nicht in der Lage, sich direkt mit demjenigen auseinander zu setzen, sondern sind stattdessen gegenüber Ihrer Familie gereizt, wenn Sie nach Hause kommen. Ich kann mich sehr gut über Geräte wie Fotokopierer aufregen, die beschließen, nicht vernünftig zu funktionieren, wenn der wirkliche Grund meines Ärgers zum Beispiel darin liegt, dass ich es mit einem besonders schwierigen Studenten zu tun hatte.

Auch Tiere lenken ihre Aggression auf das nächstgelegene Objekt oder Tier um. Die ursprüngliche Quelle der Aggression kann etwas sein, das sie verärgert oder verängstigt hat. Branston (siehe *Erlernte Aggression*, S. 101) zeigte gelegentlich seinem Käfiggenossen Pickle gegenüber Aggressionen, wenn sein Halter kam, um ihn aus seinem Stall zu holen. Da Branston die Quelle seiner Angst (in diesem Falle seine Halter) nicht loswerden konnte, wurde er frustriert und ließ seine Frustration an Pickle aus, der das nächstgelegene Lebewesen war.

Frage

Ich habe ein Hauskaninchen namens Bambi, das ein großartiges Wesen ist, aber wirklich übellaunig werden kann. Sie liebt ihre Streicheleinheiten und ihr Futter und ist im Allgemeinen eine wahre Freude. Allerdings ist sie recht anspruchsvoll. Ich streichle sie gerne, aber das passt ihr nicht immer. Wenn ich sie absetze, bevor sie das möchte, oder wenn ich einfach sage: »Jetzt nicht, Bambi«, geht sie oft direkt zu ihrem Spielzeug, einem Satz Holzschlüssel, und fängt an, sie herumzuschleudern. Wenn ich morgens nach unten gehe, füttere ich sie gewöhnlich als Erstes. Falls ich das aus irgendeinem Grund nicht tue, vielleicht wenn das Telefon klingelt oder meine Tochter oder mein Mann mich brauchen, dann hat Bambi einen richtigen Wutanfall. Sie beißt ins Drahtgitter ihres Käfigs und schüttelt daran. Ist es tatsächlich das, wonach es aussieht? Es erinnert sehr an die Auseinandersetzungen, die ich in der Trotzphase meiner Tochter vor einem Jahrzehnt durchgemacht habe.

Antwort

Sicherlich scheint es so, als sei Bambi ein Kaninchen, das genau weiß, was es will und sehr verärgert, oder wie Sie es ausdrückten, übellaunig, wird, wenn die Welt sich nicht nach seinem Plan dreht. Tatsächlich lässt sie ihre Frustration an ihrem Spielzeug und an ihrem Käfig aus. Dies kann ganz klar als umgelenkte Aggression eingeordnet werden. Ihr Analogie mit der Trotzphase ist sehr treffend, wenn menschliche Kinder anfangen zu lernen, dass andere nicht immer genau das tun, was und wann sie es selbst gerne hätten.

Urin

Ein Auge auf den Urin Ihres Kaninchens zu halten, hört sich vielleicht nicht gerade nach einer angenehmen Beschäftigung an. Genau wie bei Fäkalien können alle Veränderungen dessen, was aus Ihrem Kaninchen herauskommt, Veränderungen anzeigen, die der Untersuchung durch einen Tierarzt bedürfen.

Kaninchenurin ist normalerweise ziemlich klar und gewöhnlich gelb. Manchmal ist er recht dunkel und rötlich gefärbt. Das kann anzeigen, dass Ihr Kaninchen etwas Harmloses gefressen hat, wodurch sich sein Urin verfärbt hat, wie es bei uns zum Beispiel bei gekochter Roter Bete der Fall ist. Roter Urin kann jedoch auch etwas Ernsteres anzeigen, wenn es sich dabei um Blut im Urin handelt. Dies wird als Hematuria bezeichnet. Sie kann dadurch verursacht werden, dass das Kaninchen etwas Giftiges gefressen hat, oder durch einen anderen körperlichen Zustand. Häufige Probleme sind eine Infektion des Harntraktes (Cystitis) oder Blasensteine, an denen sowohl Männchen als auch Weibchen erkranken können und die eine sofortige Behandlung durch den Tierarzt erfordern.

Weibliche Kaninchen, die nicht kastriert sind, können roten, mit Blut durchsetzten Urin absetzen. Falls Ihre unkastrierte Häsin diese Art Urin absetzt, besonders, wenn sie älter als zwei oder drei Jahre ist, bringen Sie sie in jedem Fall zum Tierarzt. Es kann sich um ein Symptom für Krebs oder eine Infektion der Gebärmutter handeln, und Ihr Kaninchen braucht womöglich schnell eine Operation, um das Problem zu behandeln, bevor es zu schwer wiegend wird.

Es mag schwierig sein, täglich den Urin Ihres Kaninchens zu untersuchen, da es gewöhnlich nicht vor Ihren Augen sein Geschäft verrichtet, sondern in seinem Stall. Kaninchen neigen jedoch dazu, Urin und Fäkalien nur an einer einzigen Stelle in ihrem Stall oder Gehege abzusetzen. Wenn man ihnen einfach eine Katzetoilette mit etwas Streu dort hinstellt, ist es einfach, für den Tierarzt eine Probe zu entnehmen.

Verfolgungsjagd

Kaninchen jagen sich gegenseitig als Teil des Werbungsrituals, bei Revierstreitigkeiten und offenbar auch aus purem Spaß. Ein Kaninchen kann auch lernen, dass dies eine geeignete Methode ist, um mit einem Mitglied einer anderen Spezies zu interagieren. Das kann die Form annehmen, dass es die

Kaninchen können Meerschweinchen jagen ...

Füße seines Halters jagt oder sogar mit dem Familienhund spielt. Ich habe eine Freundin, deren Kaninchen, treffend Funbun genannt (»funny« = Engl. für »lustig«, »bunny« = Engl. für »Karnickel«, Anm. d. Übers.), sich von deren Hund immer durch den Garten jagen ließ, nur um sich am Ende umzudrehen und dann seinerseits den Hund wieder zu jagen. Das ging immer mehrere Minuten lang so weiter, zur Freude der Betrachter und anscheinend auch der Jagdteilnehmer.

Die Verfolgungsjagd muss allerdings nicht immer so unschuldig sein. Wenn Sie Kaninchen mit ihresgleichen oder Meerschweinchen zusammen halten, dann ist es wichtig sicherzugehen, dass dieses Verhalten nicht auf Aggression oder deplazierter Werbung beruht. Oft wird eine Jagd stattfinden, wenn zwei Kaninchen zum ersten Mal einander vorgestellt werden und ihre Beziehung zueinander festlegen. Aus demselben Grund kann das Kaninchen auch ein neu dazugekommenes Meerschweinchen jagen. Dies kann für Meerschweinchen und Kaninchen ziemlich stressig sein, obwohl sich die Situation recht schnell beruhigen sollte. Falls nicht, kann es sein, dass diese Tiere womöglich nicht zueinander passen. Sorgen Sie für Fluchtmöglichkeiten oder Verstecke nicht nur während der Zeit der Zusammenführung, sondern während des gesamten Lebens der Tiere. Verfolgungsjagd und erhöhte Aggression können einfach dadurch entstehen, dass zwei Tiere über lange Zeiträume hinweg zusammen eingesperrt werden, ohne dass es eine Möglichkeit gibt, sich voneinander zu entfernen. Das passiert in den besten Familien. Wir alle brauchen einmal eine Auszeit selbst von den uns sehr nahe stehenden und liebsten Menschen.

Verlangen nach Aufmerksamkeit

Kaninchen sind gesellige Tiere und können ziemlich manipulativ sein. Sie können ihren Haltern beibringen, ihnen Aufmerksamkeit zu zollen, wenn sie sich ausgeschlossen fühlen. Das kann ein Verhalten zur Folge haben, das der Halter entweder amüsant oder problematisch findet.

Frage

Ich habe ein wunderbares Kaninchen, einen Kalifornier namens Tussle. Glücklicherweise lebe ich in einem viktorianischen Terrassenhaus mit einem Garten, der komplett von einer Mauer umgeben ist. Obwohl Tussle im Grunde ein Wohnungskaninchen ist, kann er also frei im Garten herumlaufen, wenn wir uns auch darin aufhalten. Schon als Baby hatte er eine Leidenschaft für Wäsche, zog Wäschestücke aus dem Korb und setzte sich auf sie. Dann fing er an, mir zu helfen, die Wäsche aus der Maschine zu holen. Jetzt haben sich Tussles Possen nach draußen verlagert. Wenn ich Wäsche auf die Leine hänge, ist er sehr interessiert und kommt durch seine Größe an längere Sachen wie Hemden oder Hosenbeine heran. Die packt er mit den Zähnen und zerrt daran, als würde er Tauziehen spielen. Wenn ich nicht sofort auf dem Sprung bin, klaut er auch die Wäsche aus dem Korb und verschwindet damit im Garten, was eine Verfolgungsjagd zwischen ihm und mir zur Folge hat. Es ist kein Problem für mich, da ich diesen Teil seines Charakters amüsant finde, aber es würde mich interessieren, was Ihrer Meinung nach die Gründe für sein Tun sind.

Antwort

Aus Ihrer Beschreibung geht hervor, dass Tussles Verhalten sich aus einer unschuldigen Neugier heraus hin zu einem erlernten Verhalten entwickelt hat, mit dem er Aufmerksamkeit erregen will. Als er noch klein war, brachte allein die Wäsche aus dem Korb ihm schon eine Menge ein. Sie war nicht nur ein Spielzeug, sondern er konnte sich am Ende auch noch auf etwas Schönem und Bequemem niederlassen. Dann verallgemeinerte er dieses Verhalten auf die Waschmaschine und bekam wahrscheinlich von Ihnen eine Reaktion darauf, etwa ein Streicheln und ein Lachen. Jetzt hat er gelernt, dass dies eine sichere Methode ist, um Ihre Aufmerksamkeit zu erregen, was an sich schon eine positive Belohnung ist. Die Grundprinzipien der Lerntheorie sagen, dass ein Tier, wenn ein Verhalten ein lohnendes Ergebnis hat, lernen wird, diese Handlung zu wiederholen – genau das hat er gelernt.

Verlangen nach Aufmerksamkeit.

Frage

Ich bin eine ältere allein stehende Frau und teile mein Leben mit Mozart, meinem Zwergwidderkaninchen. Mozart sitzt gerne mit mir auf dem Sofa, während wir Musik hören und ich ihn streichle. Er liebt Besucher und lässt sich gerne von jedem streicheln. Er kann gar nicht genug Aufmerksamkeit bekommen. Auf viele Weisen ist er wirklich der perfekte Gefährte, wenn man einmal von seiner anscheinenden Eifersucht absieht. Wenn ich mit Geschirrspülen beschäftigt bin oder eine gewisse Zeit an meinem Schreibtisch sitze, zwickt er mich in meine Fußgelenke. Das ist ziemlich schmerzhaft und extrem ärgerlich. Haben Sie irgendwelche Ratschläge für mich?

Antwort

Sie haben Mozarts Motivation für sein Verhalten richtig diagnostiziert; es ist ein Mittel, um Ihre Aufmerksamkeit zu erregen. Es hört sich so an, als sei Mozart ein wenig verwöhnt, aber warum auch nicht? Allerdings bedeutet seine Liebe zu Ihrer Zuwendung auch, dass er es Ihnen verübelt, wenn Sie Ihre Aufmerksamkeit auf etwas anderes, etwa Spülen oder Briefe schreiben, verlegen. Mozart greift dann auf das normale Kaninchenverhalten des plötzlichen Zwickens zurück, wenn andere Verhaltensweisen zur Erlangung von

Aufmerksamkeit nicht funktionieren. Ich würde die Hypothese aufstellen, dass Mozart sich zuerst einmal in dem Versuch, Sie dazu zu bekommen, ihn zu beachten, um ihre Beine schlängelte. Als das nicht funktionierte, versuchte er es mit einem forschen Zwicken, und hurra, es klappte sofort. Auch wenn Sie sich ihm nur einen Moment lang zuwandten und ihn vielleicht wegscheuchten, bekam er dennoch Ihre Aufmerksamkeit. Das Zwicken Ihrer Fußgelenke hatte ein lohnendes Ergebnis, deshalb hat er gelernt, es zu wiederholen. Das ähnelt dem Hund, der bellt, wenn sein Halter telefoniert und der Halter sich umdreht, um dem Hund zu sagen, er solle still sein. Der Halter hat vielleicht gelernt, dass die einzige Möglichkeit, Frieden zu erreichen, darin besteht, den Hund zu streicheln oder ihm ein Leckerchen zu geben. Der Hund hat seinen Halter dazu dressiert zu tun, was er will. Und wir Menschen denken so gerne, wir seien die Schlaueren!

Um diesem Verhalten ein Ende zu setzen, muss Mozart lernen, dass er damit nicht länger bekommt, was er will. Um das zu bewerkstelligen, gibt es zwei Methoden. Die erste besteht darin, mit Mozart ein Programm zu durchlaufen, das fachlich als Extinktionsprogramm bekannt ist. Das bedeutet, dass Sie sein Zwickverhalten beseitigen, indem Sie ihm beibringen, dass es keinerlei Ergebnis hat, Sie sollten also mit anderen Worten nicht auf sein Zwicken reagieren. Nun meinen Sie vielleicht, ein Paar Kaninchen-Schneidezähne in Ihrem Bein sei nicht gerade leicht zu ignorieren und da kann ich Ihnen nur beipflichten. Aber Sie können es tun, indem Sie dazu übergehen, kurze Lederstiefel oder sogar ein Paar alte Gummistiefel zu tragen (ich sagte alt, weil sie wahrscheinlich ein paar Einkerbungen aufweisen werden). Sie werden sie nicht nur bei jedem Spülen oder Sitzen am Schreibtisch tragen müssen, sondern auch zu anderen Zeiten, wenn Sie Mozart streicheln. Anderenfalls wird er lernen, dass die Stiefel das kritische Signal sind, bei dem Zwicken nicht funktioniert. Dann nämlich, wenn Sie glauben, dass Sie das Problem gelöst haben und wieder anfangen, in Ihren normalen Schuhen zu spülen, wird Mozart sofort wieder zur Stelle sein, um Sie fröhlich weiterzuzwicken, wie er es immer getan hat.

Die zweite Technik besteht darin, Mozart beizubringen, dass Zwicken ein negatives oder nicht lohnendes Ergebnis zur Folge hat. Wünschenswerterweise wird er dann diese Nicht-Belohnung mit dem Zwicken und nicht mit Ihnen assoziieren. Der unparteiische Einsatz einer kleinen Menge Wasser kann hier gute Dienste leisten. Dazu sind ein paar Pflanzenbesprüher notwendig, einer in der Nähe der Spüle und einer auf Ihrem Schreibtisch.

Wenn Mozart Sie zwickt, sagen Sie streng »Mozart, nein« und besprühen ihn sofort mit etwas Wasser. Das wird ihm keinen Schaden zufügen, aber er wird es wohl kaum mögen. Nur sehr wenige Kaninchen mögen, was im Grunde auf einen Regenschauer hinausläuft. Anderenfalls ignorieren Sie ihn. Mozart wird bald lernen, dass Zwicken nicht nur ein »Nein« zur Folge hat, sondern auch, dass er nass wird. Wenn Sie konsequent sind und das *jedes* Mal tun, wenn er Sie zwickt, dann wird er bald lernen, dass dieses Verhalten nicht besonders produktiv ist. Sie werden ihm so außerdem beigebracht haben, dass »Nein« bedeutet: »Hör auf mit dem, was du da tust oder riskiere eine Dusche.« Es ist überaus nützlich, das einem Kaninchen beizubringen und es kann auch bei anderem Fehlverhalten wie Möbelknabbern eingesetzt werden.

Viral Haemorrhagic Disease (VHD) bzw. Chinaseuche

VHD ist eine besonders bösartige Krankheit, an der ein Kaninchen rasch sterben kann, wenn es nicht dagegen geimpft wurde. Sie ist recht neu und wurde zum ersten Mal 1984 gemeldet, als eine Gruppe Angorakaninchen davon befallen wurde, die von Deutschland nach China exportiert worden war. 1986 wurde sie in Italien gemeldet und drei Jahre später hatte sie sich über ganz Europa ausgebreitet.

VHD ist ein Virus, der sich im Speichel und in den Nasensekreten eines Tieres befindet und nur für Kaninchen schädlich sein soll. Er kann von einem infizierten Kaninchen übertragen werden, das in Kontakt mit einem anderen kommt, oder zufällig von der Kleidung eines Menschen auf ein anderes Tier oder sogar auf einen Gegenstand wie eine Wasserflasche oder einen Futternapf übertragen werden. Gute Hygiene ist also wichtig, wenn Ihr Haustier nicht ungeschützt sein soll. Noch wichtiger ist, Ihr Kaninchen impfen zu lassen und die Impfung regelmäßig auffrischen zu lassen. Abhängig von der Art der Impfung bedeutet das eine halbjährige oder einmal pro Jahr stattfindende Auffrischung.

Vielleicht kommt Ihnen all das ein bisschen dramatisiert und übertrieben vor, aber VHD kommt schnell und ohne Vorwarnung und die meisten Kaninchen überleben es nicht. Die Inkubationszeit für den Virus kann drei Tage oder nur 16 Stunden betragen, ihr Kaninchen könnte also noch gesund erscheinen, wenn Sie es füttern, am nächsten Tag aber tot sein. Und ein Tod durch VHD ist nicht angenehm.

Wenn Ihr Kaninchen an VHD erkrankt, gibt es drei Möglichkeiten des Krankheitsverlaufs. Die erste ist als »perakute« Infektion bekannt. In diesem Fall wird das Kaninchen innerhalb von einem oder zwei Tagen nach der Infektion an einem Blutsturz, Erstickung oder an Krämpfen sterben. Oft tritt dabei ein blutiger Schaum aus der Nase aus. Die zweite Form ist einfach als »akut« bekannt. Auch hier stirbt das Kaninchen, aber in diesem Fall wird sich der Tod über einige Tage hinziehen. Das Kaninchen wird lustlos, teilnahmslos und uninteressiert am Futter sein. Seine Atmung wird laut und schwer sein und auch hier wird es einen qualvollen Tod durch Blutsturz, Erstickung oder Krämpfe erleiden. Wenn das Kaninchen Glück hat, gewöhnlich, wenn es weniger als sechs Wochen alt ist oder geimpft wurde, wird es nur an der milden Form erkranken, eine vorübergehende Infektion, die das Kaninchen meistens überlebt. Das Kaninchen ist teilnahmslos und verliert den Appetit, erholt sich aber nach einigen Tagen. In dieser Zeit kann es auch anfällig für sekundäre Infektionen wie Durchfall oder Schnupfen sein. Gewöhnlich tritt an Nase und After ein blutiger Ausfluss aus.

Die Lösung ist einfach. Lassen Sie Ihr Kaninchen impfen, auch dann, wenn es ein Wohnungskaninchen ist.

Wasser

Wie alle Tiere brauchen auch Kaninchen Zugang zu sauberem, frischem Wasser. Die beste Art und Weise, um dies zu gewährleisten, ist eine Trinkflasche, die Ihr Kaninchen schnell zu gebrauchen lernt. Wasser in einem Trinknapf kann leicht verschüttet und verschmutzt werden. Kaninchen trinken nicht besonders viel, besonders, wenn ihnen erlaubt wird zu grasen, da sie einen großen Teil ihres Bedarfs mit dem Wasser in und auf frischem Gras decken, doch trotzdem brauchen sie Wasser. Kaninchen trinken mehr, wenn ihnen Trockenfutter, entweder Konzentrat oder Heu, gegeben wird und brauchen bei warmem Wetter ebenfalls mehr Wasser. Wechseln Sie das Wasser in jedem Falle täglich aus und sorgen Sie dafür, dass die Flasche sauber ist und keine Algen darin entstehen. Sie werden auch das Trinkrohr der Flasche säubern müssen, um zu verhindern, dass es verstopft.

Im Winter bemerken Sie womöglich, dass Ihr Kaninchen nicht besonders viel trinkt. Vielleicht benötigt es bei kaltem Wetter tatsächlich weniger Wasser, aber Sie sollten sicherstellen, dass das nicht daher kommt, dass das Wasser in der Flasche oder im Napf eingefroren ist.

Wendigkeit

Frage

Meine 12-jährige Tochter ist völlig vernarrt in Tiere und will später unbedingt Tierärztin werden. Im Fernsehen und in einem hiesigen Hundeclub hat sie Agility-Kurse gesehen, bei denen die Hunde durch Tunnel und über Wippen laufen und über Hindernisse springen. Leider können wir keinen Hund halten, aber wir haben ein junges Zwergwidderkaninchen namens Smudge, das, wie Sie sich sicher vorstellen können, viel zärtliche Zuwendung bekommt. Meine Tochter möchte wissen, ob sie eine kaninchengerechte Agility-Strecke für das Kaninchen bauen und ihm beibringen kann, sie zu durchlaufen. Wäre so etwas für es geeignet?

Antwort

Die Wendigkeit von Kaninchen ist nicht unbekannt, und manche Leute halten unter Freunden kleine Wettkämpfe ab, um zu sehen, wessen Kaninchen die Strecke mit den wenigsten Fehlern oder in der schnellsten Zeit schafft. Es gilt jedoch einige Punkte zu beachten, bevor Sie Smudge oder irgendein anderes Kaninchen auf den Weg zum Agility-Champion schicken.

Sie können Möhren an einer Schnur am Käfigdach aufhängen ...

Körperliche Bewegung ist zwar gut für uns alle, doch genau wie Menschen müssen auch Kaninchen schrittweise fitter werden. Sie sagen nicht, wie alt Smudge ist oder ob er ein Gehege hat, in dem er sich bewegen kann. Ich würde in jedem Fall davon abraten, ausgewachsene Kaninchen, die in einem Käfig eingesperrt waren, für Agility-Strecken zu trainieren. Gefangenschaft und mangelnde Bewegung haben mit großer Wahrscheinlichkeit schwache Muskeln und Knochen zur Folge. Besonders das Springen könnte bei einem solchen Kaninchen schwere Schäden anrichten.

Wenn Smudge jedoch bisher immer viele Möglichkeiten hatte, sich in voller Länge auszustrecken und herumzuhoppeln und daher über starke Knochen und Muskeln verfügt, dann bauen Sie ihm doch auf jeden Fall eine Agility-Strecke. Sie werden die ersten Hindernisse sehr niedrig bauen müssen, eine Bohnenstange auf dem Boden wird dafür ausreichen, und dürfen sie dann nur langsam erhöhen. Denken Sie daran, dass Kaninchen nicht von Natur aus Springer sind, die Landung kann gefährlich sein, deshalb halten Sie die Hindernisse auf jeden Fall niedrig. Mehr über Training habe ich im Abschnitt *Dressur* auf S. 97 zusammengefasst.

Wohnungskaninchen

Frage
Neulich habe ich gehört, dass Kaninchen im Haus gehalten werden können. Ist das überhaupt gut für sie, wo sie doch Tiere sind, die draußen im Freien leben? Was sind die Vor- und Nachteile, wenn man ein Kaninchen im Haus hält? Können nur junge Tiere an diese Lebensweise gewöhnt werden oder könnte ich meinen fünfjährigen Bounce aus der Kälte hereinbringen?

Antwort
Die Haltung von Kaninchen als Wohnungstiere ist kein neues Phänomen, sondern wird zusehends beliebter. Viele Kaninchenhalter erkennen, dass sie mit einem Kaninchen, das drinnen gehalten wird, eine tiefere und einträglichere Beziehung entwickeln können. Ein Grund hierfür liegt darin, dass wir dazu neigen, mehr Zeit mit unseren Haustieren zu verbringen, wenn sie sich im warmen Wohnzimmer statt im Garten befinden.

Auch die Kaninchen selbst profitieren von einem interessanteren Umfeld, mehr Bewegungsmöglichkeiten und der zusätzlichen Gesellschaft von

Menschen, die von besonderer Bedeutung ist, wenn es sich um ein einzelnes Kaninchen handelt. Trotzdem ist es wichtig, sich daran zu erinnern, dass es immer noch Kaninchen sind; sie benötigen eine artgerechte Ernährung und finden vielleicht auch nicht alles in Ordnung, was Menschen so tun. Kaninchen mögen keine lauten oder plötzlichen Geräusche, können aber recht musikversessen werden und werden sich, wenn Sie Klavier spielen, an Ihre Füße setzen. Sie werden besser in rauchfreier Umgebung gehalten, da sie anfällig für Atemwegskrankheiten sein können. Außerdem müssen Sie daran denken, dass Kaninchen wegen ihrer Gewohnheiten nicht ohne ein paar Vorbereitungen Ihrerseits in ein menschliches Zuhause hineinpassen: Sie müssen es kaninchensicher machen (siehe *Nagen*, S. 129 und *Pica-Syndrom*, S. 133).

Es gibt viele Methoden, um dafür zu sorgen, dass ein Kaninchen nicht allzu viel Schaden anrichtet. Blockieren Sie Bereiche, wo Ihr Kaninchen nicht hingelangen soll. Stellen Sie Ihrem Kaninchen einen sicheren Ort zur Verfügung, wo Sie es lassen können, wenn Sie nicht zur Beaufsichtigung da sind; ein Welpenstall oder ein Innengehege sind ideal. Ummanteln Sie alle frei liegenden Kabel. Ihr Baumarkt bietet sicher Plastikgehäuse an, mit denen Sie Strom- oder Telefonkabel oder sogar Fußleisten schützen können. Sie können passend zu Ihrer Inneneinrichtung gestrichen werden.

Lassen Sie Kaninchen niemals unbeaufsichtigt herumlaufen, da sie eine Menge Unheil anrichten können. Und wenn das bedeutet, dass sie Stromkabel anknabbern, dann kann das eine ziemlich teure Angelegenheit werden.

Sie fragen, ob Bounce zu alt ist, um ein Wohnungskaninchen zu werden. Die Antwort lautet nein, allerdings ein bedingtes Nein. Falls Bounce ein nervöses Naturell hat und noch nicht viele Gelegenheiten hatte, die Welt außerhalb seines Stalls kennen zu lernen, dann dürfen Sie ihn nur allmählich mit seiner neuen Lebensweise bekannt machen. Er wird nicht an die seltsamen Gerüche und Geräusche Ihres Hauses gewöhnt sein und könnte sogar ein wenig agoraphob sein. Einige der Ratschläge, die ich in den Abschnitten über *Agoraphobie* (S. 76) und *Babys* (S. 90) gegeben habe, könnten hier angepasst werden, um Bounce auf seine neue Umgebung vorzubereiten.

Xenophobie

Wörtlich bedeutet Xenophobie eine Abneigung gegen Fremde. Einige Menschen glauben, Kaninchen würden sich nicht mit anderen Tierarten oder sogar Kaninchen anderer Rassen verstehen, aber ich glaube nicht, dass Kaninchen derart chauvinistisch sind.

Wie wir gesehen haben, können Kaninchen enge Freundschaften mit einer ganzen Reihe von Tierarten bilden und können glücklich mit Menschen, Hunden, Katzen, Meerschweinchen und anderen Kaninchen zusammenleben. In allen Fällen jedoch müssen sie sorgfältig zusammengeführt werden und ihren eigenen Lebensraum haben, wenn ihr Leben harmonisch sein soll.

Zähne

Siehe *Anorexie*, S. 81.

Zoos

Gewöhnlich betrachten wir Kaninchen nicht als Zootiere, außer jene, die in Streichelzoos für Kinder gehalten werden. Eine Hauptaufgabe eines Zoos besteht darin, uns über die Welt zu unterrichten, die wir mit den Tieren teilen, und dabei zu helfen, gefährdete Tierarten zu schützen. Während der wilde Vorfahre unseres Hauskaninchens, *Oryctolagus cuniculus*, nicht gefährdet ist, haben einige seiner Verwandten nicht ganz so viel Glück. Eine besonders seltene Tierart ist das Vulkankaninchen, *Romerolagus*. Es ist eine kleine, kompakte Tierart mit einem weich gerundeten Körper und kleinen Ohren und sieht einem Zwergkaninchen recht ähnlich. Der *Romerolagus* lebt im Hochland in der Nähe von Mexiko-City und ist vom Aussterben bedroht. Organisationen wie der Jersey Wildlife Preservation Trust arbeiten eng mit Kaninchen-Biologen zusammen, um zu versuchen, diese Tierart zu retten. Im Namen von uns allen Kaninchenliebhabern wünsche ich ihnen den größten Erfolg.

Wir mögen glauben, dass wir eine Menge über Biologie und Verhalten von Kaninchen wissen und wir wissen tatsächlich auch ein bisschen über den *Oryctolagus cuniculus*. Doch wir wissen wenig über andere Tierarten, und es scheint sogar so, dass wir noch nicht einmal alle Tierarten kennen! Im August 1999 wurde über die Entdeckung einer neuen Kaninchenart berichtet. Es handelt sich um eine gestreifte, hübsch anzusehende Kreatur, die in den Annamite-Bergen zwischen Laos und Vietnam lebt. Es ist wahrscheinlich, dass es sich um eine vollkommen neue Tierart handelt. Die Welt der Natur wird niemals aufhören, uns zu überraschen.

Zucht

Frage
Ich habe ein reizendes Holländer-Kaninchen namens Evita. Sie ist sehr zahm und sanftmütig und ich würde sehr gerne mit ihr züchten. Ich habe den Mann ihrer Träume gefunden, zumindest halte ich ihn dafür, einen anderen Holländer namens Bugs. Könnten Sie mir bitte erklären, was ich bei dieser arrangierten Hochzeit beachten sollte?

Antwort
Mein erstes Anliegen ist, dass Sie dies auch wirklich gründlich durchdacht haben. Kaninchenjunge sind in meinen Augen absolut hinreißend, und wenn man sich ansieht, wie viele in Zoohandlungen verkauft werden, bin ich mit dieser Ansicht wohl nicht alleine. Jungtiere wachsen jedoch, und die Leute sind nur allzu schnell von dem späteren erwachsenen Kaninchen gelangweilt, viele landen im Tierheim oder werden an Freunde und Nachbarn weitergegeben oder eingeschläfert, weil sie nicht länger erwünscht sind. Hinzu kommt, dass Kaninchenzüchter, die für Schauen züchten, nicht den gesamten Nachwuchs, den sie erzeugen, auch behalten, und es ist allgemein üblich, den Überschuss einfach zu entsorgen. Im Grunde werden jedes Jahr weit mehr Hauskaninchen gezüchtet als Plätze für sie zur Verfügung stehen. Meine Frage lautet also: Können Sie sicher sein, dass Sie gute, dauerhafte Heimstätten für die Kleinen finden werden? Werden Sie sie zu jedem Zeitpunkt ihres Lebens zurücknehmen, falls ihre Halter sie nicht mehr behalten können?

Wenn Sie beschlossen haben, ein verantwortungsvoller Züchter zu sein, stehen Ihnen viele gute Anleitungen zur Kaninchenzucht zur Verfügung.

Sie geben nicht an, wie alt Evita ist, aber sie sollte mindestens sechs Monate alt sein, bevor Sie sie mit einem Männchen zusammentun. Falls sie drei oder vier Jahre alt ist, dürfte es eher schon zu spät sein. In jedem Fall ist es sinnvoll, sie vom Tierarzt untersuchen zu lassen, um sicherzugehen, dass sie fit und gesund ist. Überprüfen Sie unbedingt, ob ihre Zähne keine Fehlstellung aufweisen, da diese vererbt werden kann. Falls eine Zahnfehlstellung vorliegt, bitte ich Sie eindringlich, egal wie liebenswürdig sie auch ist, die Idee einer Zucht mit ihr zu verwerfen. Lassen Sie aus demselben Grund auch unbedingt Bugs' Zähne überprüfen.

Häsinnen sind nicht gerade überfreundlich zu Männchen, die in ihren Käfig gesetzt werden. Evita könnte Bugs gut eine Absage erteilen, was ihn von der ganzen Sache abbringen könnte. Es ist besser, Evita in Bugs' Stall-Gehege-Komplex zu bringen. Sorgen Sie dafür, dass sie reichlich Freiraum und viele Knabbereien zur Verfügung haben. Hierdurch können sie sich aneinander gewöhnen und sich umwerben. Falls sie ganz offensichtlich desinteressiert ist und auf seine Annäherungsversuche vielleicht sogar mürrisch reagiert, dann ist sie nicht paarungsbereit. Entfernen Sie sie wieder und versuchen Sie es am nächsten Tag erneut. Professionelle Züchter werden die Kaninchen zur Paarung oft in einen kleinen Käfig setzen, aber ich nehme an, dass Sie möchten, dass die Paarung so natürlich wie möglich vonstatten geht.

Was sollte ich bei dieser arrangierten Hochzeit beachten?

Wichtig ist, dass das Ganze von Ihnen überwacht werden muss. Die Paarung selbst erfolgt sehr rasch. Das Männchen besteigt die Häsin, fasst sie dabei am Genick und macht einige schnelle Beckenbewegungen. Wenn es ejakuliert hat, wird das Männchen von der Häsin herunterfallen. Dabei kann einer von beiden einen kurzen Schrei ausstoßen; dies ist völlig normal und kein Grund zur Sorge. Falls Bugs unerfahren ist, unternimmt er vielleicht einige vergebliche Paarungsversuche und versucht es möglicherweise sogar am falschen Ende. Auch hier brauchen Sie sich keine Sorgen zu machen, sie wird ihm bald zeigen, wo es lang geht. Hatten Sie eine erfolgreiche Paarung, dann können Sie es am nächsten Tag vielleicht noch einmal probieren, einfach um sicherzugehen, dass sie befruchtet wurde, dies ist jedoch nicht unbedingt erforderlich.

Ungefähr 30 Tage später wird Evita ihre Jungen zur Welt bringen. Sorgen Sie dafür, dass sie während ihrer Trächtigkeit reichlich Qualitätsheu und etwas Kaninchenfutter sowie frisches Trinkwasser zur Verfügung hat. Wenn sie Zugang zu ihrem Gehege hat, um sich zu bewegen, und hoffentlich auch viel Sonnenschein, dann sollte alles gut verlaufen. Etwa eine Woche vor der Geburt geben Sie ihr eine Nistbox für die Jungen, deren Seiten etwa 10 cm hoch sein sollten. Stellen Sie ihr reichlich Stroh und Heu zur Verfügung, um daraus ihr Nest zu bauen. Die Box sollte in eine dunkle Ecke ihres Stalls gestellt werden; ihre Schlafecke ist gut dafür geeignet. Wenn langsam ihre Zeit kommt, wird Evita womöglich aggressiver zu Ihnen. Auch dies ist normales Verhalten. Außerdem werden Sie feststellen, dass sie anfängt, sich Fell auszurupfen, um damit ihr Nest auszulegen.

Wenn Sie glauben, dass sie geworfen hat, lassen Sie sie unbedingt 24 Stunden lang allein. Blockieren Sie dann für einige Minuten sorgfältig ihren Zugang zu der Nistbox und überprüfen Sie das Nest auf tote Babys und entfernen Sie sie. Fassen Sie die Babys nicht unnötig an. Falls doch, kann Evita sehr irritiert werden und ihre Jungen entweder verlassen oder sie fressen. Bevor Sie sie zu ihren Jungen zurücklassen, streicheln Sie sie wenn möglich kurz.

Machen Sie sich eine Woche lang nicht die Mühe, den Stall gründlich zu reinigen, sondern entfernen Sie lediglich Evitas Kotbällchen aus ihrer Toilette (siehe *Madenbefall*, S. 122). Lassen Sie Evita mit so wenig Einmischung wie möglich weiter Mutter sein. Und noch einmal: Versuchen Sie nicht, die Jungen übermäßig anzufassen, und wenn Sie es tun, dann streicheln Sie auch Evita, damit auch sie Ihren Geruch trägt.

Nach etwa 18 Tagen sollten die Jungen ihre Welt erkunden und können angefasst werden, sollten allerdings immer nicht mehr als nur ein paar Minuten lang von ihrem Stall entfernt werden. Nach drei bis vier Wochen fängt Evita vielleicht an, sie von ihrer Milch zu entwöhnen. Es ist hilfreich, wenn sie noch weitere zwei oder drei Wochen bei ihrer Mutter bleiben können, bevor sie sich in ihr neues Zuhause begeben. Bereiten Sie sie aber unbedingt darauf vor. Sehen Sie sich hierzu die Vorschläge im Abschnitt *Babys* (S. 90) an. Sorgen Sie während dieses Zeitraums dafür, dass die Kaninchen reichlich Qualitätsheu zum Fressen zur Verfügung haben.

Wie meine eigenen Forschungen gezeigt haben, können Böcke, wenn sie in einer artgerechten Umgebung mit viel Platz und Privatsphäre leben, erfolgreich mit einer Häsin und ihren Jungen zusammen gehalten werden. Das sollte uns vielleicht nicht überraschen, da es in freier Natur ja immer so abläuft. Trotzdem empfehle ich es nicht als Standard-Methode. Die Häsin wird sich bald nach der Geburt wieder paaren und wird, wenn sie nicht getrennt wird, immer wieder Junge zeugen. Trächtigkeit und Säugen nehmen einer Häsin eine Menge Energie und wiederholte Trächtigkeit wird unvermeidlich ihr Leben verkürzen. Bei professionellen Züchtern, wo wiederholte Paarungen allgemein üblich sind, wird eine Häsin gewöhnlich nach einem Jahr »ausrangiert«. Im Bereich der Schauzuchten wird mit einer Häsin nach drei Jahren nur noch selten gezüchtet, wenn sie schon viele Würfe hatte.

Als letzte Bemerkung bitte ich Sie nochmals, es sich gut zu überlegen, bevor Sie beschließen, mit Ihrer Häsin zu züchten. Sie sind nicht nur für ihr Leben verantwortlich, sondern auch für das ihres gesamten Nachwuchses.

Zusammenführung mehrerer Tiere

Die einfachste Methode, um Kaninchen zusammenzuführen, ist, ein Geschwisterpaar zu kaufen, da beide sich schon von Geburt an kennen. Kaninchen, die sehr jung, also bevor sie 12 Wochen alt sind, zusammengeführt werden, werden sich ebenfalls recht problemlos aneinander gewöhnen.

Die Zusammenführung von Kaninchen zu einem späteren Zeitpunkt ist schwieriger, kann aber relativ einfach sein, wenn es sich um ein kastriertes Männchen und um ein Weibchen handelt. Der ganze Prozess muss schrittweise durchgeführt und beaufsichtigt werden, damit jede Zankerei sofort gestoppt werden kann. Setzen Sie die Kaninchen in einen großen, offenen Bereich (natürlich eingezäunt), der für beide Kaninchen neu und weder des einen noch des anderen Revier ist. Zu diesem Zweck könnte ein Zimmer im Haus verwendet werden. Unterbrechen Sie den Bereich mit Gegenständen wie Kisten und Eimern, damit die Kaninchen sich außer Sichtweite voreinander begeben können. Verteilen Sie überall reichlich schmackhaftes Grünzeug, Cracker, auch Obst, damit die Kaninchen angenehme Assoziationen miteinander bilden können. Wahrscheinlich wird es zuerst zu Verfolgungsjagden und vielleicht auch ein paar Raufereien kommen. Unter der Voraussetzung, dass alles gut verläuft, setzen Sie sie nachts getrennt in ihre Käfige und wiederholen Sie ungefähr eine Woche lang täglich die Prozedur oder so lange, bis Sie sie entspannt nebeneinander liegen sehen. Dann machen Sie sie einige Minuten lang mit ihrem gemeinsamen Stall und Gehege (beides neu) bekannt, erhöhen die Zeit dann auf einige Stunden und schließlich über Nacht.

Eine ähnliche Prozedur kann durchgeführt werden, wenn man Kaninchen mit Meerschweinchen bekannt macht. Doch sorgen Sie bitte dafür, dass das Meerschweinchen genügend Versteckmöglichkeiten hat, die für das Kaninchen unzugänglich sind, zum Beispiel Kisten mit einem Loch in Meerschweinchengröße oder Tonröhren.

Tiere, die aus irgendeinem Grund getrennt wurden, zum Beispiel wegen eines Tierarztbesuches, müssen eventuell wieder neu zusammengeführt werden. Dies kann vereinfacht werden, wenn Sie etwas Einstreu aus dem Käfig in die Transportbox des Tieres legen. Sie könnten das zurückkehrende Kaninchen auch mit etwas Einstreu abreiben, um ihm den »Kolonie«-Geruch wiederzugeben und die Gerüche zu überdecken, die es auf seiner Reise aufgenommen hat. Überwachen Sie Wiederzusammenführungen unbedingt und sorgen Sie dafür, dass reichlich Leckerchen herumliegen, damit die Prozedur so friedlich wie möglich vonstatten geht.

Anhang

1) Pflanzen, die ihr Kaninchen nicht fressen sollte

Die meisten guten Gartencenter und Pflanzschulen werden Pflanzen, die giftig sind oder Hautallergien auslösen, entsprechend kennzeichnen. Falls Sie Zweifel haben, nehmen Sie auf jeden Fall mit Ihrem Tierarzt Kontakt auf.

Die nachfolgende Liste stammt aus der Petplan-Ausgabe *Top to Tail,* herausgegeben von John und Caroline Bower. Wo möglich habe ich den gebräuchlichen und den lateinischen Namen angegeben.

Kategorie A
Diese Pflanzen sind beim Verzehr giftig und verursachen üblicherweise starke Blasen auf der Haut, wenn sie mit ihr in Berührung kommen.

Rhus succedanea	Talg-Sumach Rhus sind Teil der Sumach-Familie, giftiger Efeu
Rhus typhina	Essigbaum
Rhus verniciflua	Lack-Sumach

Kategorie B
Diese Pflanzen sind beim Verzehr giftig und können Hautallergien auslösen.

Aconitum	Eisenhut
Atropa belladonna	Tollkirsche
Colchicum autumnale	Herbstzeitlose, Wiesensafran, Nackte Jungfer
Convallaria majalis	Maiglöckchen
Daphne laureola	Lorbeer-Seidelbast
Daphne mezereum	Gemeiner Seidelbast, Beißbeere, Kellerhals
Dictamnus albus	Weißer Diptam, Brennender Busch

Dieffenbachia	Stummes Rohr, Giftaron
Digitalis	Fingerhut
Gaultheria	Kleine Sträucher mit weißen, rosafarbenen, purpurfarbenen oder blauen Beeren, auch als Scheinbeere bekannt
Gloriosa superba	Prachtlilie
Hyoscyamus niger	Bilsenkraut
Laburnum	Goldregen
Lantana camara	Wandelröschen
Nerium oleander	Oleander, Rosenlorbeer
Phytolacca	Kermesbeere
Primula obconica	Becherprimel
Ricinus communis	Rizinus, Wunderbaum
Ruta graveolens	Weinraute
Solanum dulcamara	Bittersüßer Nachtschatten
Taxus baccata	Eibe
Veratrum album	Weißer Germer
Zantedeschia aethiopica	Aronkelch, fälschlich auch als »Calla« bezeichnet

Kategorie C

Diese Pflanzen sind beim Verzehr schädlich und können Hautallergien auslösen.

Aesculus	Rosskastanie
Agrostemma githago	Kornrade
Alstroemeria	Inkalilie
Aquilegia	Akelei
Brugmansia	Engelstrompete, Trompetenbaum
Caltha palustris	Sumpfdotterblume
Catharanthus roseus	Rosen-Immergrün, Catharanthe
Chrysantheum	Chrysanthemen
Cupressocyparis leylandii	Grüne Heckenzypresse (oft als Hecke gepflanzt)
Delphinium	Rittersporn
Echium	Natterkopf
Euonymus	Pfaffenhütchen, Spindelstrauch
Euphorbia	Wolfsmilch
Ficus carica	Feigenbaum (sowohl als Innen- als auch als Außenpflanze)
Fremontodendron	Flanellstrauch
Hedera helix	Efeu
Helleborus niger	Christrose
Hyacinthoides non-scripta	Hasenglöckchen, Glockenhyazinthe
Hyacinthus	Hyazinthe
Hypericum	Johanniskraut

Ipomoea	Prunkwinde
Iris	Iris
Juniperus sabina	Stink-Wacholder, Sadebaum
Kalmia	Berglorbeer, Lorbeerrose
Ligustrum vulgare	Liguster, Rainweide
Lobelia	Lobelie, Männertreu
Lupinus	Lupine
Narcissus pseudonarcissus	Narzisse, Osterglocke
Ornithogalum	Milchstern
Polygonatum	Weißwurz, Salomonsiegel
Prunus laurocerasus	Kirschlorbeer, Lorbeerkirsche
Rhamnus	Kreuzdorn
Schefflera	Strahlenaralie, Bergaralie
Thuja	Lebensbaum (Heckenkonifere)
Tulipa	Tulpe
Wisteria sinensis	Blauregen, Glyzinie

Wenn Sie Zweifel haben, geben Sie Ihrem Kaninchen bitte weder Pflanze, Blüte noch Zweig. Wenn Sie vermuten, dass Ihr Kaninchen etwas Giftiges gefressen hat, zögern Sie nicht und bringen Sie es sofort zum Tierarzt.

2) Wie Sie Ihren Hund auf ein Kaninchen

vorbereiten

»Aus« bedeutet »Lass das, das ist langweilig. Richte deine Aufmerksamkeit auf mich; ich bin hochinteressant und lohnend.« »Aus« ist also ein sanft gesprochenes Kommando, und der Hund wird verbal und mit Futter oder einem Spiel belohnt.

Bedenken Sie: Je wichtiger dem Hund die Sache ist, die Sie ihn bitten zu lassen, desto größer muss die Bezahlung sein, die Sie anzubieten haben. Würden Sie jemandem Ihre Behausung überlassen, der »Bitte« sagt und Ihnen 3 Euro anbietet? Würden Sie für denselben Preis Ihr Auto hergeben? Ich vermute nein, aber für 30.000 Euro vielleicht schon eher.

Stufe A

Halten Sie etwas Futter mit Ihren Fingerspitzen fest. Wenn der Hund sich nähert, sagen Sie sanft »Aus« und schließen die Hand.

Wenn der Hund seinen Kopf abwendet, sagen Sie »Gut. Aus. Nimm« und geben dem Hund das Futter.

Wenn dem Hund klar ist, dass er seinen Kopf abwenden muss, um es zu bekommen, gehen Sie zu Stufe B über.

Stufe B

Setzen Sie sich auf einen Stuhl. Halten Sie Ihren rechten Arm mit Futter in der Hand nach rechts. Wenn der Hund kommt, um das Futter zu nehmen, sagen Sie »Aus«. Falls der Hund nicht seinen Kopf wegbewegt, schließen Sie die Hand und wiederholen Sie das Kommando. Wenn er tatsächlich seinen Kopf abwendet, legen Sie das Futter zurück auf Ihren Schoß (Schritt), sagen Sie dem Hund »Nimm« und geben Sie ihm das Futter ... wobei er für das Futter zu Ihrem Schoß kommen muss.

Wenn dem Hund dies klar ist, gehen Sie zu Stufe C über.

Stufe C

Wiederholen Sie Stufe B dahingehend, dass Sie das Futter nach rechts halten. Sagen Sie »Aus« und tun Sie etwas Ablenkendes, damit der Hund Sie ansieht, etwa, indem Sie sich mit der anderen Hand am Kopf kratzen.

Wenn er Sie ansieht, sagen Sie ihm, dass er ein »guter Hund« ist, legen Sie das Futter zurück auf Ihren Schoß und sagen Sie dem Hund »Nimm.«

Verlängern Sie die Zeitspanne, in der der Hund Sie ansieht, bis auf zehn Sekunden. So lange der Hund Sie ansieht, sagen Sie »Guter Hund.« Wenn er das Futter ansieht, wiederholen Sie das »Aus«-Kommando.

Wenn dem Hund klar ist, was er tun muss, gehen Sie zu Stufe D über.

Stufe D

Legen Sie einen ziemlich langweiligen Gegenstand auf den Boden. Wenn der Hund sich nähert oder daran schnuppert, sagen Sie ihm sanft »Aus.« Wenn der Hund Sie ansieht, sagen Sie »guter Hund« und locken ihn zu sich zurück. Belohnen Sie ihn dann mit etwas Futter, das Sie ihm mit dem »Nimm«-Kommando von Ihrem Schoß aus aus der Hand geben. Wiederholen Sie diese Übung mit einer Reihe langweiliger Gegenstände.

Anmerkung: Sobald der Hund das versteht, geht er vielleicht zu einem Gegenstand, schnuppert daran und kehrt sofort zu Ihnen zurück. Falls Sie *nicht* »Aus« gesagt haben, belohnen Sie den Hund *nicht,* sondern ignorieren Sie ihn. Wir möchten, dass der Hund lernt, dass »Aus« das Signal ist und Sie die Kontrolle haben.

Üben Sie Stufe D mit einer Reihe von Gegenständen an einer Reihe von Orten, sagen Sie dem Hund z. B. »Aus«, wenn Sie an einem Busch oder einem Laternenmast vorbeikommen, und belohnen Sie den Hund, wenn er Sie ansieht.

Sobald dies gut klappt, gehen Sie zur nächsten Stufe über.

Stufe E

Arbeiten Sie wieder an einem ruhigen Ort und wiederholen Sie Stufe D, indem Sie interessantere Gegenstände wie das Spielzeug des Hundes verwenden.

Üben Sie dann an einer Reihe unterschiedlicher Orte.

Wenn dies gut klappt, gehen Sie zur nächsten Stufe über.

Stufe F

Zurück an Ihrem ruhigen Ort, fangen Sie mit einer Verrückte-Spiele-Routine an:

Der Halter behält die Aufmerksamkeit des Hundes, indem er Futter oder Spielzeug einsetzt. Der Hund sollte so gehalten werden, dass er dem Halter gegenübersteht, halten Sie das Futter oder Spielzeug also im Bereich Ihres Schoßes. So lange der Hund sich konzentriert, loben Sie ihn mit leicht aufgeregter Stimme.

Die verrückte Person fängt an, sich umherzubewegen, winkt oder tanzt herum. Passen Sie die Aktivität der verrückten Person an die Reaktion des Hundes an und steigern Sie sie, wenn der Hund auf das »Aus«-Kommando reagiert.

Regel: Die verrückte Person darf nicht den Namen des Hundes oder ein Kommando wie »Bei Fuß« sagen.

Falls der Hund sich vom Halter losreißt, muss die verrückte Person sofort aufhören und den Hund vollkommen ignorieren (kein Augenkontakt) und darf ihre Aktivität erst wieder aufnehmen, wenn der Halter den Hund wieder unter Kontrolle hat.

Falls der Hund die verrückte Person ansieht, sollte der Halter sanft »Aus« sagen und seine Aufmerksamkeit wiedererlangen, indem er ihn verbal belohnt, und dann mit den Leckerchen seine Aufmerksamkeit beibehalten, indem er dem Hund ab und zu eines ins Maul steckt oder ihn ins Spielzeug beißen lässt.

Falls der Hund sich zur verrückten Person hin losreißt, locken Sie ihn wieder in seine Position zurück, indem Sie Futter oder Spielzeug benutzen, und wiederholen Sie das »Aus«-Kommando.

Üben Sie an einer Reihe von Orten mit einer Reihe verrückter Spiele.

Sie sind nun darauf vorbereitet, Ihren Hund mit Ihrem Kaninchen bekannt zu machen.

Index

Bücher zur artgerechten Tierhaltung

Sarah Heath:
Katzen verstehen
ISBN: 3-89566-183-X

Drosssard / Letschert
Naturheilkunde für Kleintiere
ISBN: 3-89566-105-8

Anne Lindenberg:
Bach-Blütentherapie für Haustiere
ISBN: 3-89566-108-2

Ute Rhein:
Der Geflügelhof
ISBN: 3-89566-147-3

Vegetarisches aus aller Welt

Yashoda Aithal:
Vegetarisch kochen – indisch
ISBN: 3-89566-153-8

Nicola Koch / Ines Teitge-Blaha:
Vegetarisch kochen – thailändisch
ISBN: 3-89566-202-X

Gertrud Dimachki:
Vegetarisches aus 1001 Nacht
ISBN: 3-89566-169-4

Abla Tamer-Maalouf:
Vegetarisch kochen – libanesisch
ISBN: 3-89566-203-8

Gesundes aus dem Garten

Irmela Erckenbrecht:
Die Kräuterspirale
ISBN: 3-89566-190-2

Irmela Erckenbrecht:
**Querbeet – vegetarisch
kochen rund ums Gartenjahr**
ISBN: 3-89566-163-5

Petra und Joachim Skibbe:
Köstliche Kürbis-Küche
ISBN: 3-89566-150-3

Claudia Schmidt:
Alles Tomate!
ISBN: 3-89566-173-2

Gesunde Ernährung von Anfang an

Die Originalausgabe dieses Buchs ist unter dem Titel
WHY DOES MY RABBIT ...?
bei Souvenir Press Ltd., London, erschienen.

Übersetzung aus dem Englischen: Anja Schmidtke

© 1998 Anne McBride
© für die deutsche Ausgabe: 2003 pala-verlag, Darmstadt
2. Auflage 2005
Deutsche Erstausgabe
ISBN: 3-89566-188-0
pala-verlag, Rheinstr. 35, 64283 Darmstadt
www.pala-verlag.de
Lektorat: Wolfgang Hertling
Innenillustrationen: Moritz Hornung
Titelillustration: Tatiana Mints
Druck: freiburger graphische betriebe
www.fgb.de
Printed in Germany

Dieses Buch ist auf Papier aus 100 % Recyclingmaterial gedruckt.